Lionel Baumgärtner

Hermann von Stahleck

Pfalzgraf bei Rhein

Lionel Baumgärtner

Hermann von Stahleck
Pfalzgraf bei Rhein

ISBN/EAN: 9783743377837

Hergestellt in Europa, USA, Kanada, Australien, Japan

Cover: Foto ©ninafisch / pixelio.de

Manufactured and distributed by brebook publishing software (www.brebook.com)

Lionel Baumgärtner

Hermann von Stahleck

HERMANN VON STAHLECK,

PFALZGRAF BEI RHEIN.

(1142—1156.)

VON

DR. LIONEL BAUMGÄRTNER.

LEIPZIG.
BAUMGÄRTNER'S BUCHHANDLUNG.
1877.

HERRN PROFESSOR

DR. FRANZ X. WEGELE

IN DANKBARER VEREHRUNG

GEWIDMET.

Um die Mitte des elften Jahrhunderts [1]) tritt uns in Ostfranken ein Grafengeschlecht entgegen, das im Besitz ausgedehnter Güter und bedeutender Macht einen hervorragenden Einfluss auf die Geschicke dieser Landschaft ausgeübt hat. Nach einem seiner Hauptsitze hat man diesem Geschlecht den Namen der Grafen von Höchstadt an der Aisch beigelegt.

Weit zerstreut lagen ihre Besitzungen,[2]) am West- und Südabhange des Thüringerwaldes, im Werrathal, in grosser Anzahl in den Gauen Grabfeld und Volkfeld, im Radenz- und Rangau. Die Grenzen dieser Besitzungen festzustellen, ist bei dem Mangel näherer Angaben fast unmöglich. Nördlich dürften sich dieselben etwa bis Breitungen an der Werra, südlich bis in die Gegend von Heilsbronn erstreckt haben. Obgleich die Blüthe dieses Hauses wenig mehr als ein Jahrhundert dauerte, war es doch den Vertretern desselben während dieses Zeitraumes gelungen, ihren Besitz und ihr Ansehen in aussergewöhnlichem Grade zu vermehren. Beseelt von einem kriegerisch unternehmenden Geist, benutzten sie jede sich darbietende Gelegenheit, in die damals immerwährenden Händel des Adels energisch und machtvoll einzugreifen. Den Bischöfen von Bamberg und Würzburg waren sie gefährliche Nachbarn, und obgleich wir über ihre zahlreichen Fehden nur sehr dürftig unterrichtet sind, so müssen wir doch annehmen, dass dieselben meist mit Erfolg geführt wurden, da der letzte Vertreter dieses Geschlechtes, Hermann von Stahleck, noch ehe er mit der rheinischen Pfalzgrafschaft belehnt wurde, uns als einer der reichsten und mächtigsten Herren des Frankenlandes entgegentritt. Mit dem kinderlosen Ableben dieses Hermann stirbt das Geschlecht aus.

Der Ursprung desselben ist, wie der so vieler anderer, in tiefes Dunkel gehüllt und die spärlich fliessenden Quellen vermögen nur wenig Licht zu schaffen. Es ist eines jener Grafengeschlechter, welche nach der Auflösung der alten Gauverfassung im Laufe des elften Jahrhunderts unter ganz neuen Namen an das Tageslicht treten. Plötzlich tauchen sie auf, und da nach der Sitte des Mittelalters in den Familien des hohen Adels der älteste Sohn meist den Namen des Vaters trug, so ist uns wenigstens ein wesentliches Erleichterungsmittel für die weitere Forschung gegeben.

Es ist wohl möglich, dass die Vorfahren unserer Grafen schon geraume Zeit als mächtige Herren im Lande gesessen haben, dass ihre Urväter unter dem gewaltigen Geschlechte der Popponen zu suchen sind, jedenfalls mehr als wahrscheinlich ist es, dass sie mit dem ebenfalls in dieser Zeit auftauchenden, später so hervorragenden Geschlechte der Grafen von Henneberg in verwandtschaftlicher Beziehung gestanden haben.[3]) Der Vorname, welcher den Grafen von Höchstadt an der Aisch so eigenthümlich war, wie etwa der Name Poppo den Hennebergern, Emicho den Leiningern, Rapoto den Ortenburgern, war Gozwin.

In einer Tauschurkunde für Fulda vom Jahre 1049 heisst es, die Mark von Helidungen (Hellingen bei Heldburg) sei in der Grafschaft Ottos und Gozwins gelegen.[4]) Hier tritt uns dieser Name zum ersten Male entgegen, in welchem Verhältniss jedoch Otto zu Gozwin steht, erfahren wir nicht.

Von nun an finden wir ihn häufiger. So ist im März 1057 ein „Gozwinus comes" Zeuge Bischof Adalberos von Würzburg.[5]) In einer Fuldaer Urkunde dieses Jahres erscheint ein Gozwin in derselben Eigenschaft neben den Hennebergern Poppo und Gotebold.[6])

Im April 1058 hielt Bischof Günther zu Bamberg eine Versammlung aller seiner Untergebenen.[7]) Dabei kommen zwei Grafen Gozwin vor. Vielleicht war der eine von ihnen der Besitzer von Gössweinstein (östlich von Forchheim), der andere der Güter an der Aisch.[8])

Noch im Sommer desselben Jahres fand am 21. August

„in comitatu Gozuvini comitis in loco, qui dicitur Othalmeshusen (Ottelmannshausen, nördlich von Königshofen)" eine Versammlung der Grossen des östlichen Frankens statt, welche den Zweck hatte, Frieden im Lande zu schaffen und den fortwährenden Räubereien Einhalt zu thun.[9])

Auf einer im nächsten Jahre (1059) von Bischof Günther nach Bamberg berufenen Synode sind wiederum zwei Grafen Gozwin anwesend.[10]) Mit dem einen dieser beiden gerieth der Bischof bald darauf in eine heftige Fehde, durch welche die Bamberger Kirche arg geschädigt wurde.[11])

Ein Gozwin, welcher sodann 1061 als Zeuge in einer Schenkungsurkunde für Fulda[12]) erscheint, ist jedenfalls derselbe, welcher mit Bischof Günther gehadert hatte. Bald darauf wurde er mit Bischof Adalbero von Würzburg in eine Fehde verwickelt, in der er, durch dessen Vasallen erschlagen, seinen Untergang fand (1065).[13])

Schon dieser erste Genosse unseres Geschlechtes, welcher, wenn auch nicht deutlich, so doch erkennbar hervortritt, zeigt sich als ein unruhiger und hochfahrender Herr, der bei dem steten Bemühen, seinen Besitz und seine Macht zu vermehren, die offene Fehde selbst mit seinen Lehnsherren nicht scheute.

In der nächsten Zeit finden wir in Urkunden einen Gozwin, der ohne Zweifel ein Sohn des in der Würzburger Fehde Gefallenen ist und etwa bis in die ersten Jahre des zwölften Jahrhunderts gelebt hat. So erscheint er als Zeuge, als die Abtei Banz 1071 vom Markgrafen Hermann und seiner Gemahlin Alberada zum zweiten Male und vollkommener gestiftet wurde,[14]) ferner finden wir ihn 1087 auf einer von Bischof Rupert von Bamberg berufenen Synode, welche einen Streit zwischen Bamberg und Würzburg, die Novalzehnten im Steigerwald betreffend, schlichten sollte.[15])

In einer Schenkungsurkunde für das Kloster Komburg (bei Schwäbisch-Hall), welche jedenfalls in das Jahr 1088 zu setzen ist, tritt uns Gozwin als Schirmherr des Klosters entgegen.[16]) Ebenso erscheint er in den nächsten Jahren in Würzburger Urkunden als Zeuge.[17]) Sein Todesjahr ist unbekannt.

Der nunmehr in den Urkunden der folgenden Zeit vorkommende Gozwin ist schon der Vater des Pfalzgrafen Hermann von Stahleck, der zumal durch die Gründung des Klosters Mönchaurach mehr als die früheren Grafen dieses Hauses in den Vordergrund tritt. Jedoch auch über ihn erfahren wir sehr wenig.

Jedenfalls erscheinen erst in dieser Zeit die Grafen von Höchstadt auch in den rheinischen Gegenden. Im Jahre 1102 war Heinrich I. von Katzenellenbogen gestorben. Seine Wittwe Luitgard vermählte sich bald nach dem Tode ihres ersten Gemahls von neuem mit dem fränkischen Grafen Gozwin und aus dieser Ehe ging Pfalzgraf Hermann von Stahleck hervor.[18]) Ihrem ersten Gemahl hatte Luitgard zwei Söhne geboren, Heinrich, den wir 1124 bis 1160 in einer grossen Anzahl Urkunden verzeichnet finden,[19]) dabei mehrmals ausdrücklich als Bruder Pfalzgraf Hermanns,[20]) und Philipp, den spätern Bischof von Osnabrück. Zweifelhaft bleibt, ob Gozwin zur Zeit, als er diese Ehe einging, schon in den rheinischen Gegenden angesessen war, oder ob er die dortigen Besitzungen erst durch die Hand Luitgards erwarb. Das Letztere ist das Wahrscheinlichere, da Gozwin erst jetzt am Rhein erscheint.[21])

Den Mittelpunkt dieser Besitzungen bildete die bei Bacharach gelegene Burg Stahleck, nach welcher sich in der folgenden Zeit Vater und Sohn öfters zu nennen pflegten.[22]) Diese Burg, deren Trümmer noch heute sichtbar sind, und die Vogtei über Bacharach fielen später als Kölnische Mannlehen an Pfalzgraf Konrad von Staufen und so darf man daraus schliessen, dass schon Gozwin und Pfalzgraf Hermann sie in derselben Eigenschaft besessen haben.[23]) Als Zeugen finden wir Gozwin in der nächsten Zeit nicht nur in Würzburger und Fuldaer, sondern nunmehr auch in Mainzer Urkunden. So erscheint er in dieser Eigenschaft in einer Schenkungsurkunde Erzbischof Ruthards von Mainz vom 15. Mai 1108, betreffend Güter im Nahegau.[24])

Alsdann finden wir ihn wieder in seinen ostfränkischen Besitzungen. Am 30. August 1114 ertheilt Heinrich V. dem

Kloster Hersfeld das Marktrecht zu Breitungen an der Werra „in der Grafschaft des Grafen Gozwin[25]". Im darauffolgenden Jahre tritt er uns zu Würzburg als Zeuge Bischof Erlungs entgegen.[26] Als comes de Stalecke finden wir ihn in dem berühmten Privileg Erzbischof Adalberts für Mainz, in welchem derselbe verewigt, was er unter Heinrich V. in der Gefangenschaft gelitten habe, wie er den Mainzern seine Befreiung verdanke und welche Freiheiten er dafür der Stadt ertheile.

Es findet sich in Metall gegossen an der Domthüre zu Mainz, in der Inschrift vom Jahre 1135. Die erste Abfassung fällt in die Jahre 1121 oder 1122.[27] Ferner erscheint er in einer Fuldaer Urkunde vom Februar 1128[28] und in demselben Jahre, zugleich mit seinem Sohne Hermann, als Zeuge Bischof Embrikos von Würzburg für das Kloster Oberzell.[29]

Wohl schon früher mag Gozwin das Benediktinerkloster Aurach, an dem gleichnamigen Flüsschen gelegen, gestiftet haben, welches man später, um es von dem im dreizehnten Jahrhundert in der Nähe entstandenen Frauenkloster Aurach zu unterscheiden, Mönch- oder Herrenaurach genannt hat.[30] Das Gründungsjahr ist mit Sicherheit nicht zu ermitteln, im Jahre 1128 jedoch wurde das Stift von Bischof Otto von Bamberg geweiht.

Alte Klosterchroniken erzählen: „Item nach Christi unsers lieben Herrn Geburt 1100 (?) ist das würdig Kloster Münichaurach sanct Benedikten Orden an dem Wasser Aisch (muss heissen Aurach) gelegen von dem edlen wohlgebornen Herren Goswein Graffen von Hochstat an der Aisch gelegen und seinen Sun Herman Pfaltzgrafen bei Rhein auch durch den Erbtheil sand Hildegunden daran gegeben, begabt, gestift und gepawt worden."

Mit dieser Klostergründung wurde die Legende der heiligen Hiltegund in engen Zusammenhang gebracht.[31] Der sagenhafte Inhalt derselben ist in kurzem etwa folgender: Hiltegund ist eine Waise, die jedoch von ihren Eltern reiche Besitzungen geerbt hat. Graf Gozwin, ihr Vormund, nimmt sie zu sich auf sein Schloss zu Höchstadt und zieht sie daselbst auf. Nachdem sie herangewachsen ist, bittet ein edler

Baier bei Gozwin um ihre Hand und erhält eine zusagende Antwort. Als der Bräutigam sie nun abholen will, bittet Hiltegund in der Kapelle zu Aurach, unweit von Höchstadt, den Segen zur Reise erflehen zu dürfen. Da sie jedoch aus derselben nicht zurückkehrt, geht der Bräutigam hinein und findet seine Braut als Leiche. Im Gebet war ihr Geist entflohen. Gozwin, in dessen Händen Hiltegunds Besitz sich befand, stiftet darauf von ihren Gütern und einem Theil seiner eigenen das Kloster.

Wieviel von dieser Legende Anspruch auf Glaubwürdigkeit machen darf, ist schwer zu erkennen. Dass Gozwin und Pfalzgraf Hermann von Stahleck die Gründer und Beschützer (Vögte) des Klosters gewesen sind, geht ferner aus einer zu Nürnberg ausgestellten Urkunde Kaiser Friedrich I. vom 28. Januar 1158 hervor, in welcher derselbe das Kloster Mönchaurach in seinen Schutz nimmt und die durch den Tod Pfalzgraf Hermanns erledigte Vogtei dem Burggrafen Gottfried von Nürnberg überträgt.[32]) Dem Gründer des Klosters gehörte Gozwinsdorf (jetzt Kötsch, östlich von Burgwindheim), welches seinen Namen führte. Durch Tausch kam es an das Kloster Ebrach, wofür Gozwin damals Mahsveld (jetzt Maasfeld, südlich von Meiningen) erhielt.[33]) Es wird uns ferner überliefert, dass Gozwin und Luitgard die letzte Zeit ihres Lebens in dem neugestifteten Kloster zugebracht haben, er als Mönch unter den Brüdern, seine Gemahlin mit fünf Dienerinnen in einer abgesonderten Wohnung.[34]) Sofort nach der Gründung des Klosters kann dies jedoch nicht geschehen sein, da uns Gozwin, zugleich mit seinem Sohne Hermann, noch in den Jahren 1136 und 1137 als Zeuge Lothar III. und Bischof Embrikos entgegentritt.[35]) Beide Urkunden sind zu Würzburg ausgestellt. Seit dieser Zeit finden wir ihn nicht mehr, sei es nun, dass er sich damals ganz von den weltlichen Dingen zurückzog und seine ausgedehnten Besitzungen dem in voller Manneskraft stehenden Sohne überliess, sei es, dass ein schneller Tod ihn ereilt hat und sein Eintritt in das Kloster Mönchaurach vielleicht als ebenso unhistorisch zu betrachten ist, wie später der seines Sohnes in das Kloster Ebrach.

Wann Hermann geboren wurde, erfahren wir nicht. Im Jahre 1128, in welchem er zum ersten Male urkundlich genannt wird, mag er einige zwanzig Jahre alt gewesen sein;[36] 1137 erscheint er sodann zum ersten Male allein, ohne seinen Vater, in einer Urkunde Bischof Embrikos von Würzburg, woraus wir schliessen dürfen, dass er damals die väterliche Erbschaft angetreten hat.[37] Die zahlreichen Besitzungen, welche sein Vater ihm hinterliess, zerfielen in drei grössere Gruppen. Die erste umfasste die alten Güter seines Geschlechtes, welche um Meiningen und südlich davon im Grabfelde lagen, welch' letztere er später hauptsächlich zur Gründung des Klosters Bildhausen verwendete; die zweite, die Güter an der Aisch, waren ebenfalls alter Besitz seines Hauses, während die dritte Gruppe aus den durch seinen Vater erworbenen Besitzungen am Rhein bestand.

Da seine Güter somit ausserordentlich zerstreut lagen, so scheint Hermann schon von Anfang an auf deren möglichste Zusammenlegung und Abrundung sein Augenmerk gerichtet zu haben. Er suchte dies zu erreichen, indem er weit abgelegene entweder gegen näher liegende eintauschte oder auch gegen baare Münze verkaufte.

So trat er die Vogtei über einige Höfe und dreissig „Sclaven" zu Alolvesheim (Alitzheim, nördlich von Gerolzhofen) um sieben Talente zu Gunsten des Klosters Ebrach ab.[38]

Ferner erfahren wir aus einer Urkunde Bischof Egilberts von Bamberg, dass sein Vorfahr Otto unter anderen Klöstern auch das Cistercienserkloster Langheim bedacht habe, indem er diesem Orte zum Gebrauch der Brüder das Landgut bei Tribe (unweit Lichtenfels) gab, welches er vom Pfalzgrafen Hermann um achtzig Mark loskaufte.[39] Da Otto am 30. Juni 1139 gestorben ist,[40] so muss der Verkauf entweder während der ersten Monate dieses Jahres oder in den beiden vorhergehenden zu Stande gekommen sein.

Wenige Jahre später schloss Hermann mit Bischof Heinrich von Regensburg einen Tauschvertrag ab,[41] worin jener seine fern liegenden Güter in der Oberpfalz gegen Münchzell,[42] Kapsdorf[43] und Köhlmünz,[44] alle drei in Mittelfranken, in der Gegend von Ansbach gelegen, vertauschte. Da später diese drei Orte dem Kloster Heilsbronn gehören, so ist es höchst wahrscheinlich, dass Hermann sie an dasselbe gestiftet hat.[45])

In dieser ersten Zeit seines selbstständigen Waltens scheint er sich meist nach seiner Burg Stahleck genannt zu haben. Als comes de Stalekke (Stallecke) finden wir ihn sowohl in den Urkunden Konrad III., als Erzbischof Arnolds von Köln.[46]) In denen Bischof Embrikos von Würzburg heisst er sowohl comes de Bilhildehusen (Bildhausen,[47]) als auch de Hohestatt.[48]) Diese letztere Bezeichnung findet sich auch in dem oben erwähnten Tauschvertrag mit Bischof Heinrich von Regensburg.[49]) Erst viel später (1151) erscheint er einmal in einer Schenkungsurkunde für das Kloster Banz[50]) als Hermannus de Habesberch.[51]) Bleibt so im Ganzen sein Walten in den vom Vater ererbten Besitzungen in tiefes Dunkel gehüllt, so ist leider sein Verhältniss zum Reich und dessen Oberhaupt fast ebensowenig zu erkennen. Mit Sicherheit dürfen wir jedoch dies eine annehmen, dass Hermann schon damals ein entschiedener Anhänger der staufischen Sache gewesen ist.

Der Hauptgrund, welcher ihn zu diesem engen Anschluss an die Staufer bewog, war seine Verbindung mit Gertrud, der einzigen rechten Schwester König Konrads und Herzog Friedrichs von Schwaben.[52])

Durch die Güter, welche Gertrud ihrem Gemahl zubrachte, wurde dessen Besitz noch bedeutend vergrössert. So wissen wir, dass er Höfe, die früher staufisch waren, in der Gegend von Maulbronn gehabt hat, von denen er einen, den Eilfinger Hof, tauschweise an das Kloster Maulbronn abtrat.[53])

In dem Güterverzeichniss des adligen Nonnenklosters Rupertsberg bei Bingen finden wir, dass der Pfalzgraf und seine Gemahlin Gertrud dem Kloster ein Gut in Bingen geschenkt haben.[54]) Die ausdrückliche Erwähnung Gertruds lässt darauf schliessen, dass auch dieses Gut staufischem Besitz entsprungen war. Endlich sei noch erwähnt, dass die Pfalzgräfin mehrere Hufen in Boppard an das Kloster Odenheim (bei Bruchsal) stiftete.[55])

Weder über das Alter, welches Gertrud zur Zeit, als sie die Ehe mit Hermann einging, erreicht hatte, noch über das Jahr der Vermählung selbst sind wir unterrichtet. Nehmen wir an, dass Gertrud etwa 1104 oder 1105 geboren ist, so dürfte ihre Vermählung gegen das Ende der zwanziger Jahre stattgefunden haben.[56])

Gerade damals nun lächelte den staufischen Brüdern das Kriegsglück in seltener Weise, so dass sie sich nicht nur im Besitz der Reichsgüter, welche ihnen aus der salischen Erbschaft zugefallen waren, behaupten konnten, sondern sogar den offenen Kampf um die Krone begannen. Konrad, der als Gegenkönig auftrat, brach schon nach kurzer Zeit nach Italien auf, während er die Fortsetzung des Kampfes in Deutschland seinem älteren Bruder Friedrich überliess.

Sie hatten indessen ihre Kräfte doch allzusehr überschätzt und bald genug kehrte das Glück ihnen grollend den Rücken. Speier und Nürnberg, die beiden grossen Waffenplätze der Staufer, um deren Belagerung sich im Wesentlichen die Entscheidung des Kampfes gedreht hatte, mussten dem König Lothar die Thore öffnen.

Dass Hermann sich an diesen Kämpfen, zumal um Nürnberg, gar nicht betheiligt habe, können wir bei der Sinnesart dieses Mannes kaum für möglich halten. Allerdings lebte damals noch sein Vater Gozwin, der es vielleicht verstand, den unruhigen Sinn des Sohnes zu zügeln.

Mit der Unterwerfung des Gegenkönigs (1135) fand der Bürgerkrieg in Deutschland sein Ende.

Konrad erlangte nicht nur des Kaisers Verzeihung, sondern gewann auch dessen Vertrauen in hohem Grade. Lothar, der nun mit ausserordentlichem Eifer ein gewaltiges Heer zu einem zweiten Zug über die Alpen rüstete, bestimmte, dass die Fürsten, welche ihm in Person zu folgen gewillt waren, sich in Würzburg einfinden sollten. Der Aufbruch wurde auf Mariä Himmelfahrt (15. August 1136) festgesetzt.

Unter der grossen Anzahl geistlicher und weltlicher Fürsten, welche sich hier versammelten, finden wir auch Graf Gozwin und seinen Sohn Hermann.[57]) Beide blieben jedoch daheim, wie wir aus zwei in Würzburg ausgestellten Urkunden des nächsten Jahres erfahren.[58]) Lothar nahm unterdessen den Kampf gegen König Roger auf und unterwarf ganz Italien in raschem Siegeslaufe. Schon hatten sich die zurückgebliebenen deutschen Fürsten zu Würzburg versammelt, um dem siegreichen Kaiser einen festlichen Empfang zu bereiten, da traf statt des Erwarteten die Trauerkunde von seinem plötzlich erfolgten Ableben ein. Im März 1138 erfolgte zu Coblenz die Wahl Herzog Konrads zum König, am darauffolgenden Sonntag die Krönung zu Aachen. An der Wahl selbst, welche hauptsächlich von den Erzbischöfen Albero von Trier und Arnold von Köln betrieben wurde, scheinen sich fast nur die rheinischen Fürsten betheiligt zu haben, weder Sachsen noch Baiern waren unter den Wählern.[59]) .

Ob Hermann sowohl bei der Wahl und Krönung seines königlichen Schwagers, als auch bei der kurz darauf mit aussergewöhnlicher Pracht zu Köln begangenen Feier des Osterfestes zugegen war, wird uns zwar nicht überliefert, jedoch dürfen wir seine Anwesenheit wohl kaum in Frage stellen.

Von Köln begab sich der König nach Mainz. Wir wissen bestimmt, dass Hermann sich hier in dessen Umgebung befand [60]) und im August desselben Jahres treffen wir ihn wiederum am Hofe Konrads zu Nürnberg.[61]) Darauf verschwindet er aus den Zeugenreihen der königlichen Urkunden, so dass uns leider gänzlich verborgen bleibt, ob Hermann in dem damals ausbrechenden Kampfe gegen Heinrich den Stolzen thätigen Antheil genommen hat.

Im Mai 1140 erscheint er dann wieder einmal in Konrads Umgebung zu Frankfurt,[62]) ebenso in den beiden folgenden Jahren zu Würzburg.[63])

Einen klareren Einblick in Hermanns Leben und Treiben gewinnen wir erst nach seiner Erhebung zum Pfalzgrafen bei Rhein. Bevor wir jedoch der näheren Erörterung dieses Ereignisses unsere Aufmerksamkeit widmen, ist es nöthig, die Verhältnisse der rheinischen Pfalzgrafschaft unter Hermanns letzten Vorgängern kurz zu prüfen.

Pfalzgraf Heinrich II., der Gründer des am gleichnamigen See gelegenen Klosters Laach, war im April 1095 gestorben.[64]) Seine Gemahlin war Adelheid, die Tochter des Grafen Otto von Orlamünde, welche ihrem ersten Gatten, dem Grafen Adalbert von Ballenstedt, einen Sohn, Namens Siegfried, geboren hatte.[65]) Da Heinrichs Ehe mit Adelheid kinderlos blieb, so adoptirte er seinen Stiefsohn, der ihm auch in der Pfalzgrafenwürde gefolgt ist.

Siegfried, welcher dieselbe bis 1113 inne gehabt hat, war mit Gertrud, der Schwester der Kaiserin Richinza, vermählt. Aus dieser Ehe waren mehrere Söhne, darunter der spätere Pfalzgraf Wilhelm, hervorgegangen. Nach Siegfrieds Tode verheirathete sich Gertrud zum zweiten Male mit dem Grafen Otto von Rineck, dem Sohne des einstigen Gegenkönigs Hermann von Luxemburg.

Da Pfalzgraf Siegfried in offener Empörung gegen Heinrich V., durch Graf Hoier von Mansfeld schwer verwundet, gestorben war, so zog der Kaiser, ohne auf dessen unmündige Söhne Rücksicht zu nehmen, die erledigten Reichslehen ein und übertrug die Pfalzgrafschaft am Rhein dem Grafen Gottfried von Calw, einem seiner treuesten Anhänger.[66])

Unter Lothar tritt sodann eine ganz merkwürdige Erscheinung ein, indem wir vom Jahre 1126 an in kaiserlichen Urkunden neben Gottfried von Calw auch Wilhelm von Ballenstedt als Pfalzgrafen finden.[67])

Gottfried starb wenige Jahre darauf, ohne männliche Nachkommen zu hinterlassen, und nun erscheint der schon erwähnte Otto von Rineck neben seinem Stiefsohn als Pfalzgraf.[68])

Konrad III. richtete sodann gleich nach seiner Krönung auf die Wiederherstellung der Einheit der rheinischen Pfalzgrafschaft sein Augenmerk. Der Rinecker scheint freiwillig auf diese Würde verzichtet zu haben und Wilhelm tritt uns fortan als alleiniger Inhaber derselben entgegen.[69])

Als bald darauf Wilhelm kinderlos starb, erhob Otto von Rineck, der ja schon früher den Namen des Pfalzgrafen geführt hatte, Ansprüche auf die Nachfolge.[70]) Aber Konrad, der dieselben gänzlich unbeachtet liess, belehnte seinen Halbbruder, den Babenberger Heinrich, mit der Pfalz,[71]) und als dieser bald darauf die Mark Oesterreich erhielt,[72]) nahm er wiederum auf den Rinecker nicht die geringste Rücksicht und verlieh nun die erledigte Würde seinem Schwager, Hermann von Stahleck. So sehen wir, dass der König in diesen beiden Fällen, wie schon früher bei der Belehnung Leopolds mit Baiern und Gottfrieds des Jüngeren mit Niederlothringen, lediglich seiner Hauspolitik gefolgt ist.[73])

Dass jedoch dieses rücksichtslose Verfahren allenthalben Groll und Widerspenstigkeit hervorrufen musste, ist ganz natürlich und wir werden sehen, dass die Rinecker ihre Ansprüche nie ganz aufgegeben haben.

Wenn auch der alte Otto seinen Unmuth gegen den vom König so begünstigten Hermann zu beherrschen wusste, so verstand dies sein leidenschaftlicher und tapferer gleichnamiger Sohn um so weniger.

Indem er seinem Hass gegen den Eindringling freien Lauf liess, stürzte er sich in jene Fehden, die seinem Hause so verhängnissvoll werden und ihm selbst Gefangenschaft und Tod bringen sollten.

Die Belehnung Hermanns ist jedenfalls im Laufe des Jahres 1142 erfolgt.[74]) In jener Zeit hatte die rheinische Pfalzgrafschaft noch wesentlich den Charakter eines Amtes, da ja der mit ihr verbundene territoriale Besitz äusserst gering war und erst unter Hermanns Nachfolger Konrad durch das Hinzukommen der reichen salischen Erbschaft bedeutend vermehrt wurde.[75]) Am 1. August 1143 tritt er uns zum ersten Male in seiner neuen Würde am königlichen Hofe entgegen.[76])

Konrad III. hielt sich damals gerade zu Cochem an der Mosel auf, einer Burg, welche sich früher im Besitz Pfalzgraf Heinrichs II., des Gründers von Laach, befunden hatte, von diesem auf Siegfried und Wilhelm von Ballenstedt übergegangen und nach des Letzteren Tode vom König als erledigtes Reichslehen eingezogen worden war.[77]) Damals scheint es zwischen Hermann und Otto von Rineck zu einer Verständigung gekommen zu sein, indem Konrad diesem einen Theil der Lehen und Allodien seines verstorbenen Stiefsohnes zutheilte und somit den in seinen Ansprüchen so benachtheiligten Rinecker beschwichtigte.[78])

Hermann scheint aber schon sehr bald neue Gegner gefunden zu haben. Im Jahre 1143 und noch im folgenden finden wir ihn als Zeugen in Urkunden Erzbischof Heinrichs von Mainz.[79]) Damals scheint er somit noch auf gutem Fusse mit ihm gestanden zu haben; dass aber dieses Verhältniss sich bald darauf geändert hat, zeigt uns der Umstand, dass König Konrad, als er 1144 nach Magdeburg kam, um daselbst das Weihnachtsfest zu feiern, von dem dortigen Clerus nicht mit den üblichen Ehren empfangen wurde, da sich in seiner Begleitung der im Banne des Mainzers stehende Pfalzgraf Hermann befand.[80]) Jedoch die Entfernung des Gebannten vom Hofe wurde dadurch nicht erreicht, wie wir aus mehreren daselbst ausgestellten Urkunden ersehen, in welchen Hermann als Zeuge seines königlichen Schwagers auftritt.[81])

Von Magdeburg aus, woselbst er noch die ersten Tage des folgenden Jahres verbracht hatte,[82]) kehrte der König nach Ostfranken zurück, zu Würzburg feierte er das Osterfest,[83]) und darauf scheint er sich sofort nach den rheinischen Gegenden begeben zu haben.

Gegen Ende April finden wir ihn zu Speier, und hier tritt uns Hermann in einer königlichen Urkunde als Zeuge entgegen. Es ist somit wahrscheinlich, dass er auf der ganzen Reise in der Umgebung des Königs gewesen ist.[84])

Im Dezember desselben Jahres finden wir ihn wieder am königlichen Hofe zu Aachen.[85]) Aus den hier ausgestellten Urkunden[86]) sehen wir, dass es sich Konrad damals sehr angelegen sein liess, die Kirchen und Klöster in ihren Rechten und Besitzungen gegen die Anmassungen und Eingriffe der weltlichen Herren zu schützen, aber obwohl er mit Eifer bemüht war, den Frieden in den rheinischen Landen herzustellen und die streitenden Parteien zu versöhnen, wollte ihm dies doch nicht recht gelingen. Die blutige Fehde zwischen Heinrich von Namur und dem Erzbischof von Trier dauerte fort und auch über eine Verständigung zwischen Pfalzgraf Hermann und Heinrich von Mainz wird uns nichts berichtet.

Im Anfang des folgenden Jahres (1146) traf den König ein schwerer Schicksalsschlag, indem am 14. April seine Gemahlin Gertrud im Kloster Hersfeld, wo sie sich gerade aufhielt, noch in jungen Jahren starb.[87] Sowohl der König als auch Pfalzgraf Hermann begaben sich sofort dahin, um die Leiche nach dem Kloster Ebrach zur Bestattung überzuführen.

In den ersten Tagen des Mai war der Trauerzug zu Fulda, und hier schenkte der König dem Kloster Hersfeld mehrere Güter für das Seelenheil seiner verstorbenen Gemahlin. Unter den Zeugen der Urkunde finden wir auch den Pfalzgrafen.[88]

Nur kurze Zeit konnte sich der König dem Schmerz um seine verstorbene Gemahlin hingeben, denn überall im Reich wütheten die grossen Herren gegen einander in blutigen Fehden, so dass es der angestrengtesten Thätigkeit und Umsicht des Königs bedurfte, um den Uebergriffen der streitlustigen Fürsten Schranken zu setzen und den Frieden in den verschiedenen Territorien zu wahren.

In Baiern kämpfte der Bischof Heinrich von Regensburg gegen Herzog Heinrich den Babenberger, in Schwaben war es zwischen den beiden mächtigsten Familien des Landes, den Staufern und Zähringern, zum offenen Kampf gekommen und am Rhein dauerte die Trierer Fehde ungeschwächt fort. Die kleineren Herren wiederum schlossen sich den verschiedenen grossen Parteien an und suchten aus deren Zerwürfnissen soviel als möglich für sich zu gewinnen.

So war Jammer und Elend über den grössten Theil des südlichen und westlichen deutschen Landes in ganz entsetzlicher Weise verbreitet und der König erreichte hier trotz seines persönlichen Auftretens und aller dabei bewiesenen Rührigkeit so viel wie nichts.

Da trat plötzlich ein Ereigniss ein, welches Hülfe und Rettung in solcher Noth bringen sollte.

Vom Osten her drang der Hülferuf der Christen zu den

Brüdern im Abendlande. Edessa, die Vormauer gegen die Ungläubigen, war gefallen und hierdurch auch die übrigen christlichen Eroberungen arg bedroht. Dringende Hülfe war nöthig. Dies erkannte Papst Eugen und deshalb übertrug er die Kreuzpredigt dem Manne, der damals das höchste Ansehen genoss und schon zu seinen Lebzeiten wie ein Heiliger verehrt wurde, dem Abte Bernhard von Clairvaux.

In Frankreich war die Wirkung der Kreuzpredigt eine ganz ausserordentliche und auch nach Deutschland war die fieberhafte Erregung, welche dort alle Gemüther ergriffen hatte, schon herübergedrungen. Die Begeisterung erreichte jedoch auch hier ihren höchsten Grad, als Bernhard selbst in den rheinischen Gegenden erschien.

Anfangs wollte König Konrad von einer persönlichen Theilnahme am Kreuzzug nichts wissen, da er wohl einsah, dass eine längere Abwesenheit die grössten Gefahren über das Reich bringen könne.

Unter den Fürsten, welche sich zu Weihnachten des Jahres 1146 zu Speier um den König versammelt hatten, befand sich auch der Pfalzgraf.[89]) Hier trat nun jenes bekannte, wunderbare Ereigniss ein, dass Konrad, durch die gewaltige Beredtsamkeit Bernhards hingerissen, das Kreuz nahm und durch sein Beispiel viele der anwesenden Fürsten, deren Sinn noch schwankend war, zum gleichen Entschluss bewog.

Der König, welcher noch die ersten Tage des folgenden Jahres in Speier verlebt hatte, begab sich von hier aus nach Fulda, wo wir gegen Ende Januar Hermann wiederum in seiner Umgebung finden.[90])

Mittlerweile wurde allenthalben zu dem grossen Unternehmen gerüstet. Friede und Eintracht kehrten plötzlich in jene Länder zurück, die Jahre lang der Schauplatz blutiger Kämpfe und grässlicher Verwüstungen gewesen waren.

Schon auf dem Reichstag zu Speier war es gelungen, der langwierigen Trierer Fehde ein Ziel zu setzen, nunmehr hatte auch der Streit zwischen dem Bischof von Regensburg und Herzog Heinrich sein Ende erreicht.[91]).

Um die Mitte des März finden wir den König von einer

grossen Anzahl von Fürsten umgeben zu Frankfurt. Hier wurde Konrads zehnjähriger Sohn Heinrich zum König erwählt und ihm die Reichsverwaltung während der Abwesenheit seines Vaters übertragen. Der Erzbischof Heinrich von Mainz sollte für den Knaben die Regierungsgeschäfte führen. Pfalzgraf Hermann hatte sich ebenfalls am Hofe eingestellt, wie wir aus mehreren hier ausgestellten königlichen Urkunden ersehen. [92])

Damals nun weigerten sich die sächsischen Fürsten, welche das Kreuz genommen hatten, den Zug in das heilige Land mitzumachen. Sie beschlossen, die jenseits der Elbe wohnenden heidnischen Wenden dem christlichen Glauben zu unterwerfen und diese Gegenden für alle Zeiten der deutschen Herrschaft zu gewinnen. [93])

Da dieser Heereszug jedenfalls weit weniger beschwerlich war und geringere Geldopfer erforderte, als der nach Palästina, ausserdem der päpstliche Ablass den daran Theilnehmenden ebenso zugesagt wurde, wie den Streitern, welche sich am grossen Kreuzzug betheiligten, so entschlossen sich viele Herren aus allen Theilen des Reiches zu dieser Fahrt gegen die Wenden.

Pfalzgraf Hermann, welcher ebenfalls zu diesen letzteren zählte, begab sich von Frankfurt aus nach Regensburg. [94]) Seinen dortigen Aufenthalt erfahren wir aus einer Urkunde, in welcher er sich bereit erklärt, auf die Bitte des von seinen Leuten schwer bedrängten Abtes Kraft von Lorch (im würtembergischen Jagstkreis) und die Verwendung seiner Gemahlin Gertrud und ihres Bruders Friedrich, Herzogs von Schwaben, die Vogtei des Klosters ausschliesslich zu dessen Nutzen zu übernehmen.

Der alte Herzog Friedrich, der damals in schwerer Krankheit darniederlag und den Tod herannahen fühlte, sah mit Unwillen, dass sein Sohn, dem er schon die Verwaltung seines Herzogthums übertragen hatte, ebenfalls das Kreuz nahm. Da dieser nun für unbestimmte Zeit seine Heimath verliess, so vertraute er das Kloster, welches mit seinem Geschlechte in so engem Zusammenhang stand, dem Schutze und der Fürsorge seines Schwagers. [95])

Die folgende Zeit füllten die Rüstungen zur Wendenfahrt aus. Schon Ende Juni sollten sich die Kreuzfahrer an der Elbe sammeln, da jedoch der Zuzug der einzelnen Schaaren sehr langsam von statten ging, so kam der August heran, ehe der Aufbruch erfolgen konnte. [96])

Das gewaltige Heer rückte über die Elbe und scheint eigentlich gar keinen rechten Widerstand gefunden zu haben.

Den Fürsten fehlte aber die rechte Lust an diesem Unternehmen, sodass sie von einer Eroberung des ganzen Wendenlandes bald absahen und sich mit den beim ersten Ansturm errungenen Erfolgen begnügten. Eine grosse Anzahl derselben hatte ja das Kreuz lediglich in der Absicht genommen, sich vom Banne des Papstes und der Bischöfe zu lösen.

Ohne Zweifel war dies auch der Grund, welcher Pfalzgraf Hermann zur Theilnahme an dieser Fahrt bewog, indem er sich auf diese Art vom Banne des Mainzers befreien wollte.

So kam es, dass die meisten der deutschen Fürsten schon nach wenigen Wochen ihren übernommenen Verpflichtungen genügt zu haben glaubten und Anfang September über die Elbe zurückkehrten. [97])

Dass Hermann sich durch die Theilnahme an der Wendenfahrt wirklich vom Banne gelöst hat, sehen wir daraus, dass er fortan wieder in den Urkunden Erzbischof Heinrichs als Zeuge auftritt. [98])

Bald nach seiner Rückkehr scheinen die Fehden mit den Rineckern und Erzbischof Albero von Trier begonnen zu haben. Der Streit drehte sich hauptsächlich um die Burg Treis an der Mosel.

Sie war früher im Besitz einer gräflichen Familie gewesen, deren letzter Vertreter, Graf Bertolf von Treis (de Tribis), kinderlos starb. Schon damals (1121) war es zwischen Otto von Rineck und Kaiser Heinrich V. zum Streit gekommen, da beide Ansprüche auf den erledigten Besitz erhoben. Der Kaiser trat jedoch sehr energisch auf und zwang die vom Rinecker schon besetzte Burg zur Uebergabe. [99]) Nach Heinrichs Tod kam sie an die Staufer, und König Konrad scheint seinen Schwager Hermann damit belehnt zu haben. [100]) Dadurch gerieth dieser nunmehr mit den Rineckern, welche ihre Ansprüche auf Treis immer noch aufrecht erhielten, in arge Verwickelungen.

Der Pfalzgraf hatte sich in den Besitz der Burg gesetzt und eine starke Besatzung hineingelegt. Otto von Rineck, der zu schwach war, ihn daraus zu vertreiben, trat, von Hass und Erbitterung erfüllt, seine Ansprüche an den Erzbischof von Trier ab. [101])

Diesem Gegner war Hermann nun freilich nicht gewachsen. Der Erzbischof, welcher jede Gelegenheit, den Besitz und das Ansehen seiner Kirche zu erhöhen, mit der ihm eigenen Energie auszunützen verstand, ging ohne Zaudern auf die Anerbietungen des Rineckers ein und zog im September 1148 vor die streitige Burg. Der Pfalzgraf sammelte seine ganze Streitmacht und rückte zum Entsatz derselben heran.

Nachdem die beiden feindlichen Haufen drei Tage lang, nur durch einen Wald getrennt, einander gegenüber gelegen hatten, beschloss der Pfalzgraf den Angriff. Albero selbst ordnete seine Schaaren und wusste, wie uns überliefert wird, in begeisternder Rede den Muth seiner Krieger auf das Höchste anzufachen, indem er ihnen vorstellte, wie der Pfalzgraf, der als Vogt und Beschützer seiner Kirche ihm Treue geschworen, dieselbe schmählich verletzt und gebrochen habe. Dem Grafen von Namur, mit dem er so lange in erbitterter Fehde gelegen hatte, übergab er die Fahne, er selbst nahm das Kreuz in die Hand, zu welchem der Pfalzgraf geschworen hatte. Als Hermann die entschlossene Haltung und begeisterte Stimmung seiner Gegner wahrnahm, erschien ihm der glückliche Ausgang des bevorstehenden Kampfes doch als zu ungewiss, und so liess er noch im letzten Augenblick dem Erzbischof Friedensanerbietungen machen, welche derselbe ohne Zögern annahm. Für die Seinigen, die in der Burg lagen, erlangte er freien Abzug, das Schloss selbst überlieferte er dem Erzbischof.

Im Mai des folgenden Jahres (1149) kehrte König Konrad nach Deutschland zurück. Der Kreuzzug war auf die schmählichste Weise missglückt und Unglücksschläge der bittersten Art hatten den König getroffen.

Die stolzen Kriegsschaaren der Deutschen, die vor zwei Jahren das Vaterland verliessen und dazu bestimmt schienen, dem Vordringen der Ungläubigen für alle Zeiten zu wehren, waren vernichtet.

Und nun fand der König, der sich so bitter in seinen Hoffnungen getäuscht sah, bei der Rückkehr in die Heimath die Lage des Reiches bedenklicher, als je. Graf Welf, der alte Widersacher seines Hauses, war vor ihm nach Deutschland zurückgekehrt.[102] In Italien war er durch Roger von Sicilien gewonnen worden, eine allgemeine Empörung gegen den jungen König Heinrich hervorzurufen, und deshalb setzte er sich sofort nach seiner Heimkehr mit den alten Feinden der Staufer in allen Theilen des Reiches in Verbindung. Der Aufstand brach aller Orten los und die Kriegsfurie wüthete von neuem in entsetzlicher Weise.

Da erscholl plötzlich und unerwartet die Kunde von der Rückkehr des Königs. Mit erstaunenswerther Thatkraft griff Konrad jetzt in die Angelegenheiten des Reiches ein. Mitte August finden wir ihn zu Frankfurt, umgeben von einer grossen Anzahl geistlicher und weltlicher Herren.[103]

Pfalzgraf Hermann hatte sich ebenfalls zur Begrüssung seines königlichen Schwagers eingefunden und traf hier an dessen Hofe mit den Erzbischöfen von Mainz und Trier zusammen, mit denen er damals in Frieden gelebt zu haben scheint.

Ferner befanden sich daselbst sein Bruder Graf Heinrich von Katzenellenbogen und Graf Otto der ältere von Rineck.[104] Jedenfalls kamen auf diesem Reichstage auch die Streitigkeiten zwischen Hermann und den Rineckern zur Sprache, ohne dass uns von einem entscheidenden Urtheil des Königs berichtet wird. Sicher wissen wir aber, dass Mönche vom Kloster des

h. Remigius zu Reims nach Frankfurt gekommen waren und vor König Konrad über die widerrechtlichen Bedrückungen ihrer Vögte (quorum numerus magnus erat et plus ad nocendum, quam ad defendendum paratus) Klage führten.

Der König schenkte ihren Bitten Gehör und beauftragte Pfalzgraf Hermann, als von ihm eingesetzten Vogt, die in Deutschland, zumal in den Moselgegenden, gelegenen Besitzungen des Klosters gegen unrechtmässige Vögte zu schützen. Es ist nicht unwahrscheinlich, dass der nun ausbrechende Kampf Hermanns gegen den jüngeren Otto von Rineck zu dieser Bestimmung König Konrads in näherer Beziehung steht, ja dass vielleicht gerade die Rinecker es waren, gegen die sich die Klagen der Mönche am meisten richteten.

Der jüngere Otto von Rineck hatte vor mehreren Jahren mit Bischof Hartbert von Utrecht in einer Fehde gelegen, die für ihn sehr unglücklich ablief. Er gerieth in die Gewalt des Bischofs und musste als dessen Gefangener für längere Zeit der Freiheit entbehren. Kaum war er jedoch seiner Haft wieder entlassen, als er sich von neuem in einen Kampf und zwar gegen Pfalzgraf Hermann stürzte.[105])

Auch diesmal wandte das Glück sich von ihm ab. Er fiel in die Gefangenschaft seines Gegners, der ihn auf sein festes Schloss, die Schönburg (zwischen Caub und Oberwesel), brachte. Hier starb er 1149 als Gefangener. Es ist wohl möglich, dass Hermann, um die fortwährenden Streitigkeiten mit den Rineckern um die Pfalzgrafschaft ein- für allemal zu beenden, dem jüngeren Otto ein gewaltsames Ende bereitet hat, indem er ihn erdrosseln liess.

Der Vater überlebte den Tod seines Sohnes nur kurze Zeit; im Jahre darauf starb er, ohne Leibeserben zu hinterlassen.

Seine Burgen scheinen frühere Parteigenossen der Rinecker oder Ministerialen dieses Geschlechtes besetzt gehalten und deren Uebergabe an den König verweigert zu haben, da uns ausdrücklich überliefert wird, dass König Konrad im Frühjahr 1151 die beiden Burgen, Cochem an der Mosel und

Rineck, mit Gewalt nahm und die letztere den Flammen übergab. [106])

Somit hatten endlich jene langwierigen Kämpfe mit den Grafen von Rineck ihr Ende erreicht.

In der nächsten Zeit tritt uns Hermann nur selten entgegen, während der beiden folgenden Jahre (1150 und 1151) scheint er sich meistens auf seinen Besitzungen in Ostfranken aufgehalten zu haben. [107])

Am 18. Januar 1152 war Erzbischof Albero von Trier zu Coblenz plötzlich gestorben. Pfalzgraf Hermann und viele andere Ritter eilten herbei, um die Leiche ihres dahingeschiedenen Lehnsherrn in festlichem Zuge von Coblenz nach Trier zu geleiten. [108])

Wenige Wochen darauf starb König Konrad. Am 15. Februar verschied der vom Schicksal so schwer geprüfte erste Herrscher aus dem staufischen Hause zu Bamberg. Als er seinen Tod herannahen fühlte, empfahl er den Fürsten seinen Neffen Friedrich von Schwaben zum Nachfolger und übertrug ihm die Fürsorge für seinen noch im Knabenalter stehenden Sohn Friedrich und das Wohl des Reiches.

Anfang März erfolgte fast einstimmig die Wahl Friedrichs zu Frankfurt. Pfalzgraf Hermann hatte sich ohne Zweifel hier eingefunden, obgleich uns seine Anwesenheit nicht ausdrücklich überliefert wird. Von Frankfurt aus begab sich Friedrich nach Aachen, woselbst die feierliche Krönung vollzogen ward. Hier erscheint der Pfalzgraf unter den Zeugen einer Urkunde, in welcher Friedrich dem S. Remigiuskloster zu Reims dessen in Deutschland gelegene Besitzungen bestätigt. [109]) Jedoch nur kurze Zeit scheint er sich am Hofe des Königs aufgehalten zu haben.

Das Osterfest feierte Friedrich zu Köln und begann nun seinen Umritt durch die deutschen Länder. [110]) Im October kam er nach Würzburg, woselbst der Pfalzgraf wieder am königlichen Hofe erscheint. [111])

Angelegenheiten der wichtigsten Art kamen hier zur Verhandlung, und namentlich die Nachrichten, welche italienische Flüchtlinge über die Zustände ihrer Heimath dem König überbrachten, scheinen dessen Aufmerksamkeit von neuem auf Italien gerichtet zu haben. Für die nächste Zeit musste der König allerdings von dem längst ins Auge gefassten Zug über die Alpen noch absehen, denn herrschte auch am Rhein und in Sachsen endlich wieder Friede und Ordnung, so harrte doch der Streit Heinrichs des Löwen und Heinrichs des Babenbergers um das bairische Herzogthum immer noch der Erledigung, da es weder auf dem im letzten Sommer zu Regensburg abgehaltenen Reichstag, noch jetzt hier in Würzburg zu einer Entscheidung gekommen war.

Ganz resultatlos sollten jedoch die Verhandlungen über den italienischen Zug nicht bleiben, indem Friedrich die anwesenden Fürsten bestimmte, dass sie sich eidlich verpflichteten, ihn in zwei Jahren über die Alpen zu begleiten. [112])

Im Ganzen treffen wir Hermann nicht mehr allzuhäufig am königlichen Hofe, sei es nun, dass die entschiedene Begünstigung der Welfen auch ihn, wie viele andere Fürsten, mit Unmuth erfüllte, sei es, dass ihn damals von neuem feindselige Verwickelungen mit seinen Nachbarn beschäftigten.

Zu Weihnachten 1152 finden wir ihn in der Umgebung Friedrichs zu Trier, [113]) im darauffolgenden Jahre tritt er uns an dessen Hofe zu Worms entgegen, [114]) woselbst er auch im Mai 1154 in einer königlichen Urkunde erscheint. [115])

Was wir somit über Hermanns Thätigkeit, sowie über sein Verhältniss zum König und zu seinen Nachbarn, namentlich zu Heinrich von Mainz, während dieser ersten Regierungszeit Friedrichs erfahren, ist kaum nennenswerth.

In den ersten Tagen des Juni (1154) kam endlich auf dem Reichstag zu Goslar die bairische Angelegenheit insofern zur Erledigung, als hier das Herzogthum dem Babenberger, welcher wiederum der an ihn ergangenen Ladung keine Folge geleistet hatte, durch den Beschluss der versammelten Fürsten abgesprochen und dem Herzog Heinrich von Sachsen übertragen wurde. [116]) Damit war dieser nun freilich noch nicht Herr des Baiernlandes, da der ältere Heinrich seine Ansprüche auf das Herzogthum nun sofort aufzugeben durchaus nicht gewillt war. Jedoch eine gewaltsame Vertreibung des Herzogs aus

Baiern beabsichtigte damals weder der Kaiser, noch Heinrich der Löwe, indem es ihnen vollkommen genügte, dass durch das Urtheil der Fürsten die Vereinigung der beiden Herzogthümer in einer Hand und die damit verbundene so aussergewöhnliche Vergrösserung der welfischen Macht ihre rechtsgültige Bestätigung gefunden hatte.

Nunmehr konnte Friedrich an die Ausführung der längst geplanten und nach seiner Meinung dringend gebotenen Heerfahrt über die Alpen denken: Ende September 1154 sammelten sich die deutschen Fürsten, welche in Person dem königlichen Heere zu folgen entschlossen wären, auf dem Lechfelde zu Augsburg. Unter den geistlichen finden wir die Erzbischöfe von Köln und Trier, unter den weltlichen Heinrich den Löwen, Berthold von Zähringen, die Markgrafen von Steiermark und Baden und Pfalzgraf Otto von Wittelsbach. Pfalzgraf Hermann betheiligte sich nicht an der Fahrt, sondern blieb daheim. Kurze Zeit nach Friedrichs Abzug scheint nun jener heftige Aufstand der Mainzer Lehnsleute gegen den erst vor Kurzem eingesetzten Erzbischof Arnold ausgebrochen zu sein. [117])

Wir haben schon früher gesehen, dass Hermann mit Erzbischof Heinrich in Streit gerieth, indem er sich jedenfalls auf Kosten der Mainzer Kirche durch Räubereien und Gewaltthaten gegen Kirchengut bereichert hatte, dafür vom Erzbischof mit dem Banne belegt wurde, von dem er sich durch die Theilnahme an der Wendenfahrt wieder löste.

Heinrich war ein schwacher, milder Regent, der den Anforderungen, welche seine hohe Würde an ihn stellte, durchaus nicht genügte.[118]) Mit dem Pfalzgrafen, der sich wiederum gewaltthätige Uebergriffe gegen kirchliche Güter zu Schulden kommen liess, scheint er in neue Verwickelungen gerathen zu sein, ohne dass er jedoch in seiner Schwäche ihm, wie den andern räuberischen Lehnsträgern der Mainzer Kirche mit der nothwendigen Strenge begegnet wäre.

Die Klagen über sein schwaches Regiment stimmten den Papst, welcher es an wiederholten Ermahnungen nicht hatte fehlen lassen, endlich völlig gegen Heinrich.

Dazu kam, dass er unter den wenigen Fürsten, welche sich der Wahl Friedrichs entgegengestellt hatten, als Führer der Opposition aufgetreten war und sich dessen Ungnade im höchsten Grade zugezogen hatte. Daher geschah es mit des Königs Zustimmung, dass der erste Prälat der deutschen Kirche am 7. Juni 1153 zu Neuhausen bei Speier durch zwei nach Deutschland geschickte päpstliche Legaten seiner Stellung enthoben wurde, worauf die sofortige Neubesetzung des Mainzer Stuhles unter dem Einfluss des Königs erfolgte, auf dessen Wunsch die Wahl auf seinen Kanzler, Arnold von Selehofen, fiel. [119])

Arnold war einem angesehenen Mainzer Ministerialengeschlecht entsprossen, hatte eine ausgezeichnete wissenschaftliche Bildung erhalten und war schon unter Konrad königlicher Kanzler gewesen. [120])

König Friedrich, unter dem er dieselbe Würde inne hatte, erkannte seine Begabung und Tüchtigkeit, und so erklärt es sich, weshalb er gerade ihn, der mit seinen geheimsten politischen Plänen und Absichten vertraut war, auf den ersten Bischofsstuhl des Reiches zu erheben gedachte. Der neue Erzbischof zeigte sich bald als ein ganz anderer Mann, wie sein Vorgänger Heinrich.

Zucht und Ordnung in der Mainzer Kirche und unter den Bürgern herzustellen, war sein eifriges Bemühen. Ebenso ging er von Anfang an mit voller Strenge gegen die Lehnsleute der Mainzer Kirche vor, deren Uebergriffen er energisch entgegentrat. Das Eigenthum der Kirche, welches unter seinem Vorgänger in die Hände der räuberischen Vasallen gefallen war, nahm er ihnen wieder ab. [121])

So lange Friedrich in Deutschland blieb und jeden Augenblick bereit war, seinem Günstling Beistand und Hülfe zu gewähren, verhielten sich die Mainzer ruhig, obwohl Unmuth und verhaltener Groll gegen den strengen Reformator ebenso Clerus und Bürgerschaft, wie die Lehnsleute der Kirche erfüllten. Kaum hatte aber der König den deutschen Boden verlassen, so brach der Aufstand in der Stadt los.

Noch hätte der Erzbischof der Bewegung Herr werden,

noch dem unzufriedenen Clerus und der aufständischen Bürgerschaft mit Erfolg entgegentreten können, da ergriffen die Lehnsleute der Kirche die Waffen und verwüsteten das Erzstift auf die entsetzlichste Weise. An der Spitze der aufständischen Vasallen stand Pfalzgraf Hermann. Ihm hatten sich ausser seinem Bruder, Heinrich von Katzenellenbogen, die Grafen Emicho von Leiningen, Gottfried von Sponheim, Konrad von Kirchberg, Heinrich von Dietz und andere, deren Namen uns nicht überliefert sind, angeschlossen.[122]) Der Kampf wurde mit ausserordentlicher Erbitterung geführt, selbst Kirchen und Klöster wurden der Plünderung übergeben. Die Burgen des Erzbischofs wurden gebrochen, die Besatzungen gefangen genommen und das ganze Land mit Feuer und Schwert verwüstet.[123])

Kurz, der Ausgang des Kampfes war für den Erzbischof so unglücklich, dass er in seiner Noth sich brieflich an den Abt Wibald von Korvey wendete und ihn flehentlich bat, den Kaiser zu bewegen, ihm gegen den Pfalzgrafen beizustehen.[124])

Da kehrte der Kaiser im September 1155 nach Deutschland zurück.[125]) Die endliche Regelung der bairischen Angelegenheit lag ihm ganz besonders am Herzen, und so fand zwischen ihm und seinem Oheim, Herzog Heinrich, eine Zusammenkunft in der Nähe von Regensburg statt. Aber alle Bemühungen des Kaisers, ihn zur Abtretung des Herzogthums an Heinrich den Löwen zu bewegen, dem es durch den Spruch der Fürsten ja schon zugetheilt war, blieben erfolglos.[126])

Friedrich liess sich jedoch dadurch nicht zurückschrecken und berief in derselben Sache einen neuen Tag nach einem bairischen Ort in der Nähe der böhmischen Grenze.[127])

Heinrich erschien hier gar nicht, wohl aber diejenigen Fürsten, welche sich als Hauptgegner der welfenfreundlichen Politik des Kaisers während dessen Abwesenheit gezeigt hatten, Wladislaw von Böhmen und Albrecht von Brandenburg.

Auch Pfalzgraf Hermann, der auf die erste Nachricht von der Rückkehr des Kaisers die Feindseligkeiten gegen den Erzbischof eingestellt zu haben scheint, war hier erschienen.

Ohne Zweifel war es ihm klar, dass er durch die Empörung gegen seinen Lehnsherrn und die grässliche Verwüstung des Erzstiftes den Zorn des Kaisers im höchsten Grade erregt habe und dass hieraus die bedenklichsten Folgen für ihn entstehen könnten, wenn es ihm nicht gelänge, durch Ehrerbietung und demüthiges Entgegenkommen den Unmuth des siegreichen Herrschers zu beschwichtigen.

Friedrich war nunmehr des langwierigen Verhandelns mit seinem Oheim müde und beschloss, der streitigen Angelegenheit einen schleunigen Abschluss zu geben, indem er am 15. October 1155 Heinrich den Löwen auf einem Reichstag zu Regensburg in aller Form mit dem Herzogthum Baiern belehnte. [128])

Auf diesem Reichstag war sowohl Erzbischof Arnold, als auch sein Widersacher erschienen. Der eine erhob Klage über den anderen, indem jeder den Gegner als Urheber des Friedensbruches hinzustellen sich bemühte. Der Kaiser fällte jedoch damals kein entscheidendes Urtheil, sondern behielt sich die Erledigung der Sache einer späteren Zeit vor.

Von Regensburg begab sich Friedrich nach Würzburg. Von hier aus liess er durch Pfalzgraf Hermann an alle diejenigen, welche Mainzölle bis jetzt erhoben hatten, die Aufforderung ergehen, die betreffenden kaiserlichen Privilegien auf nächsten Weihnachten vorzuzeigen und hierdurch die Berechtigung zur Erhebung der Zölle nachzuweisen. [129])

Von Würzburg wandte sich der Kaiser nach Schwaben und darauf nach den rheinischen Gegenden, um nunmehr durch strenge Bestrafung der Friedensbrecher ein warnendes Beispiel für alle seine Unterthanen zu geben. Am 18. December finden wir ihn und in seiner Umgebung Pfalzgraf Hermann zu Trifels, [130]) von wo er sich nach Worms begab, um hier das Weihnachtsfest zu feiern. [131])

Sowohl Erzbischof Arnold mit seinen Anhängern, als auch der Pfalzgraf mit den aufständischen Vasallen mussten vor dem Gericht des Kaisers erscheinen und wurden des Friedensbruches für schuldig erklärt. Mit ausserordentlicher Strenge ging Friedrich gegen sie vor und verurtheilte beide Parteien zu der schändenden Strafe des Hundetragens. [132])

So sahen die versammelten Fürsten und das Volk den mächtigen und gewaltthätigen Pfalzgrafen und zehn Grafen, welche mit ihm gemeinschaftliche Sache gemacht hatten, mit Hunden auf den Armen eine deutsche Meile weit in schimpflichem Zuge dahingehen.

Auch von der Seite des Erzbischofs hatten einige Lehnsleute schon begonnen, der bestimmten Strafe sich zu unterziehen, als Kaiser Friedrich, in Rücksicht auf das hohe Alter und die hervorragende und ehrwürdige Stellung Arnolds als Primas der deutschen Kirche, sich bereit erklärte, dem Erzbischof und seinen Anhängern die Strafe zu erlassen. [133])

Mit dieser Bestrafung Hermanns war jedoch der Verlust der Pfalzgrafenwürde keineswegs verbunden, im Gegentheil scheint er die Gunst des Kaisers bald wiedererlangt zu haben, da wir ihn im folgenden Jahre öfters in dessen Umgebung finden. [134])

Deshalb müssen wir auch die Angabe, die strenge und entehrende Strafe habe ihm die Welt so sehr verleidet, dass er ihr gänzlich entsagt habe und Mönch zu Ebrach geworden sei, als unbegründet zurückweisen, da er uns noch wenige Tage vor seinem Ableben als Pfalzgraf in einer kaiserlichen Urkunde entgegentritt. [135])

Den Plan, ins Kloster zu gehen, hat er freilich unzweifelhaft gehabt und ihn gegen den Kaiser geäussert, aber nicht mehr zur Ausführung gebracht. [136])

Im Juni des folgenden Jahres (1156) treffen wir Hermann am Hofe Friedrichs zu Würzburg, wo dieser seine feierliche Vermählung mit Beatrix von Burgund beging. [137]) Wir finden ihn hier nicht nur in Urkunden des Kaisers, sondern auch in denen Bischof Gebhards von Würzburg. [138])

Aus diesen erfahren wir, dass damals Poppo de Irmoldeshusen (Irmmoldshausen) vom Pfalzgrafen dessen schon erwähntes Schloss Habesberg um vierhundert Mark gekauft hat, und ferner, dass Burggraf Gottfried von Nürnberg die Pfarrei in Emskirchen (östlich von Neustadt an der Aisch) an das Kloster Mönchaurach abtrat, wofür der Abt und Convent desselben „durch die Hand ihres Vogtes, des Pfalzgrafen Hermann", ihm das Gut gaben, welches das Kloster in Gerbodesdorf (jetzt Gerbersdorf bei Merkendorf, vier Stunden von Heilsbronn) besass.

Um die Mitte des September begab sich der Kaiser nach Baiern, woselbst auf dem grossen Reichstag zu Regensburg die bairische Angelegenheit ihre endliche Erledigung fand. Unter den Fürsten, welche der bekannten, am 17. September ausgestellten Urkunde als Zeugen unterschrieben wurden, finden wir auch den Pfalzgrafen.[139] In einer anderen an demselben Tage ausgestellten Urkunde Friedrichs für das S. Johanneshospital zu Jerusalem tritt er uns ebenfalls als Zeuge entgegen.[140]

Dies sollten jedoch die letzten Dienste sein, die er dem Kaiser leistete, denn wenige Tage darauf, am 20. September, ereilte ihn der Tod.[141] Ueber den Ort, wo er gestorben ist, sind wir gänzlich im Unklaren, sei es, dass sein Ableben noch in den Mauern der festlich geschmückten Stadt selbst erfolgte, sei es, dass er auf dem Heimweg nach seinen ostfränkischen Besitzungen verschieden ist. Sein Schloss zu Höchstadt mag er wohl kaum wieder gesehen haben.

Wir haben schon früher erwähnt, dass Hermann den Plan gehegt hat, in das Kloster zu gehen und alle seine Güter, soweit er über dieselben unbedingt verfügen konnte, an Kirchen und Klöster zu verschenken.[142] Seine Ehe mit Gertrud war kinderlos geblieben und so fehlte ihm der Erbe, dem er die zahlreichen Besitzungen hinterlassen konnte.

Während seines letzten Lebensjahres scheint er sein Augenmerk hauptsächlich auf die Gründung, den Aufbau und die Ausstattung des Klosters Bildhausen gerichtet zu haben.[143] Diese Abtei lag zwei Stunden von Münnerstadt, ebenso weit von Neustadt an der Saale und drei Stunden von Königshofen entfernt.

Die ersten Besitzungen, mit welchen der Pfalzgraf seine neue Stiftung ausstattete, erfahren wir aus dem 1157 zu Würzburg ausgestellten Privilegienbrief des Kaisers, in welchem er die Gründung des Klosters durch den verstorbenen Pfalzgrafen bestätigt und dessen Güter in seinen Schutz nimmt.[144]

Nach dieser Urkunde waren jene ersten Besitzungen des Klosters folgende: Bildhausen selbst, Hollstadt, [145]) Reinfeldshof, [146]) Utenhausen, [147]) Rappershausen, [148]) Löhrieth, [149]) eine Dominikale zu Wenkheim, [150]) und sieben Mansi in Junkershausen. [151])

Ohne Zweifel hing mit dieser Klostergründung auch der schon erwähnte Verkauf des Schlosses Habesberg zusammen, indem Hermann für den Aufbau und die Einrichtung der Klostergebäude grösserer Summen baaren Geldes bedurfte. [152])

Die Vollendung des begonnenen Werkes hat Hermann jedoch nicht mehr erlebt. Seine Wittwe Gertrud liess den Klosterbau fortsetzen und nach dessen Vollendung die Leiche ihres Gatten von Ebrach, wo sie vorläufig beigesetzt war, nach Bildhausen überführen. [153])

Gertrud verschloss sich nach dem Tode ihres Mannes zuerst in dem Kloster Wechterswinkel [154]) und ging von hier mit Nonnen nach Bamberg, um daselbst das Hospital zum h. Theodor in eine Nonnenabtei umzuschaffen. [155])

Das Schloss zu Höchstadt, welches der verstorbene Gatte ihr als Wittwensitz hinterlassen hatte, und alle dazu gehörigen Güter kamen durch Tausch an den Bischof Eberhard von Bamberg, der dafür das neue Frauenstift reichlich ausstattete. Dass die Pfalzgräfin die erste Aebtissin desselben gewesen sei, erfahren wir nicht. In einem etwa 1160 abgefassten Schreiben des Michelsberger Abtes Irmbert an den Abt von Admunt heisst es: „Es grüsst Euch die Frau Aebtissin von Bamberg und die Frau Pfalzgräfin." [156]) War also Gertrud früher kurze Zeit wirklich Aebtissin gewesen, so hatte sie jetzt ihre Würde jedenfalls niedergelegt.

Ferner thut Kaiser Friedrich in einer Urkunde vom Jahre 1182, in welcher er die sämmtlichen Besitzungen der Nonnenabtei bestätigt, „seiner lieben blutsverwandten Gertrud, der früheren Pfalzgräfin, und Irmengards, der ehrwürdigen Aebtissin", Erwähnung. [157])

Gertrud lebte so in stiller Zurückgezogenheit zu Bamberg, woselbst sie in hohem Alter (1191) gestorben ist. [158])

Ein viel bewegtes, reich gestaltetes Leben haben wir vor unseren Blicken sich entfalten sehen. Leider verstattet uns vielfach die Dürftigkeit der überlieferten Nachrichten nicht, dasselbe bis in seine einzelnen und interessantesten Züge vorzuführen. Denn oft versiegen die auch sonst schon spärlich fliessenden Quellen gerade da, wo wir sehnsüchtig Aufschluss erwarten. Ist es uns somit nicht möglich, ein vollkommen abgerundetes und fertiges Lebensbild des Mannes zu geben, so erfahren wir doch genug, um zu erkennen, dass wir es mit einer Persönlichkeit zu thun haben, deren eigenthümlicher Lebensgang des Interessanten und Aussergewöhnlichen in reicher Fülle aufzuweisen hat.

Anmerkungen.

1) 1049 in einer Fuldaer Tauschurkunde. Schannat, Trad. Fuld. 253. Schultes, Direct. dipl. I. 165.

2) Die Besitzungen der Höchstadter Grafen werden, soweit dieselben sich ermitteln lassen, im Laufe dieser Abhandlung genannt werden. Lang, Baierns Grafschaften, 220, sagt: „Unter dieser Grafschaft (Höchstadt) begreift man das alte Würzburgische Capitel Schlüsselfeld im Archidiaconat Iphofen, umfassend die Orte: Adelsdorf, Aspach, Baudenbach, M. Bibert, Dachsbach, Diesbek, Ezzelkirchen, Frensdorf, Graz, Schambach, Gremsdorf, Grossenbirkach, Guttenstetten, Höchstadt, Lonnerstadt, Mühlhausen und Wachenroth (alle drei Orte erst nach 1007 und unter vorbehaltener Würzburger Herrschaft an den Bamberger Sprengel überlassen), Oberscheinfeld, M. Scheinfeld, Pommersfelden, Schauerheim, Schornweissach, Stiebach, Schlüsselfeld, Stappenbach, Schlüsselau, Seusslingen, Taschendorf, endlich auch Reifenberg in de Burker Pfarre." Hieraus erkennen wir ungefähr die Grenzen des Amtssprengels, in welchem die Höchstadter, südlich des Mains, ihre Grafenrechte ausgeübt haben. Jedoch nur ein geringer Theil der angeführten Ortschaften war eigener Besitz des Geschlechts.

3) Ueber die Abstammung der Grafen von Höchstadt und deren verwandtschaftliches Verhältniss zu anderen fränkischen Adelsgeschlechtern sind die Meinungen ausserordentlich verschieden. So behauptet Haas im ersten Theil seiner Geschichte des Slavenlandes, Bamberg 1819, dass die Grafen von Falkenberg (Valkenburg bei Aachen), in deren Familie der Name Gozwin ebenfalls vom Vater auf den Sohn sich vererbte, durch Heirath in den Besitz dieser fränkischen Güter gekommen seien.

Ueber die Abstammung der Höchstadter vergl. noch Gensler, Geschichte des Grabfelds, Schleusingen 1802, II. Bd. und Sprenger, Geschichte der Abtei Banz, Nürnberg 1803. Den grössten Anspruch auf Glaubwürdigkeit hat die Annahme von Tolner (Hist. Palat. 296) und Crollius (Erläuterte Reihe der Pfalzgrafen, 437 ff.), welche die Höchstadter für einen Zweig der Henneberger halten, indem sie die Nähe der Besitzungen im östlichen Grabfeld als diese Annahme begünstigend hervorheben.

4) Siehe Anm. 1.
5) Mon. Boica XXXVII. 25.
6) Schannat, Trad. Fuld. 254. Schultes, Direct. dipl. I. 171.
7) Hartzheim, Conc. Germ. III. 126. Schmitt, Die Bamberger Synoden, Bamberg 1851, 22 und 23.
8) Gössweinstein = Goswinstein.
9) Ussermann, Episc. Wirceb. Cod. prob. 21. Schultes, Direct. dipl. I. 171. Sprenger, Gesch. d. Abtei Banz, 47 und 284. Bei dieser Gelegenheit stiftete die Gräfin Alberada, eine Tochter des kurz vorher gestorbenen Markgrafen Otto von Schweinfurt (seit 1048 Herzog von Schwaben) und Gemahlin des Markgrafen Hermann vom Nordgau, das Kloster Banz (bei Lichtenfels). Otto hinterliess seine ostfränkischen Besitzungen fünf Töchtern, welche sich über die Theilung des Erbgutes nicht einigen konnten und deshalb wohl den Convent der Grossen nach Ottelmannshausen beriefen. Gensler, Gesch. des Grabfelds II. 257.

10) Jaffé, Bibl. Rer. Germ. V. 498.
11) Bischof Günther wurde mit den ihm benachbarten Markgraf Hermann und Graf Gozwin in schlimme Händel verwickelt. Eine anschauliche Schilderung der Räubereien und Gewaltthaten, welche sich diese beiden im Bamberger Bisthum zu Schulden kommen liessen, finden wir bei Sudendorf, Reg. II. Nr. 7. 8. 9 (in Briefen des Probstes Hermann zu Bamberg an den abwesenden Bischof Günther vom Jahre 1061).

12) Schannat, Trad. Fuld. 256.
13) Ueber die Gewaltthätigkeiten Gozwins gegen Bischof Adalbero von Würzburg berichtet Ekkehard (MG. SS. VI. 199) zum Jahre 1065: Gozwinus comes in epyscopio Wirciburgensi tyrannidem exercens, a comitibus Adelberonis presulis occisus est. Ebenso die Annal. Rosenveldenses, MG. SS. XVI. 100.

14) Schultes, Direct. dipl. I. 185. Sprenger, Geschichte der Abtei Banz 293.

15) Schmitt, Bamb. Synoden 24. Jaffé, Bibl. V. 502. Auf dieser Synode Ruperts finden wir wiederum zwei Gozwine als Zeugen. Die Reihe derselben lautet: Gozwin comes, Frederich de Castel, Gozwin de Ansperc (der Ansberg sw. von Lichtenfels. Bavaria III. Bd. I. Abth. 738). Die Anführung eines Grafen von Castell lässt mit Recht vermuthen, dass der ihm voranstehende Gozwin sein Nachbar in Höchstadt war.

16) Wirtemb. Urk. I. 394.
17) Mon. Boica XXXVII. 29. Ussermann, Episc. Wirceb. Cod. prob. 27. Haas, Gesch. des Slavenlandes. 317 (urk. Beil. Nr. 2).
18) Wenck, Hess. Landesgesch. I. 236.

19) Heinrich kommt 1160 zum letzten Male urkundlich vor. Gudenus, Cod. dipl. I. 404.
20) Regesten Nr. 9 und 37.
21) Wenck, a. O. I. 236 meint, dass Gozwin zu seinen Gütern am Rhein wahrscheinlich durch Verschwägerung mit den vorigen Grafen des Trachgaues gekommen sei. Dieser Gau bildete einen schmalen Landesstrich längs dem Rheine und dem Hundsrück, von den Grenzen des Nahegaues an bis an die Mosel. In ihm lagen unter anderen die Orte Bacharach, Wesel, St. Goar, Boppard und Coblenz. Günther, Cod. dipl. Rheno-Mosellanus I. 6. Spiess, „Beweis, dass Pfalzgraf Hermann bei Rhein ein geborener Graf von Höchstadt an der Aisch gewesen ist" (Acta Palat. VII. 396), sagt, dass Gozwins Gemahlin Luitgard aus dem Jülich'schen Geschlecht von Gladbach stamme und ihrem zweiten Gemahl Stahleck zugebracht habe. Dagegen behauptet Wenck, Luitgard stamme aus dem Herzogthum Berg von einem der dortigen Dynastengeschlechter ab. Jedoch weder das eine noch das andere lässt sich beweisen.
22) Gudenus, Cod. dipl. I. 119. Ferner Reg. Nr. 6. 8. 9. 13. 20. 38.
23) Busson, Conrad von Staufen, in den Annalen des hist. Vereins f. d. Niederrhein, 19. Heft. S. 22. Conrad erlangte 1189 vom Erzbischof Philipp die Umwandlung seiner Kölner Lehen in Kunkellehen für seine Frau und Tochter. Beyer, Mittelrh. Urk. II. 133. Günther, Cod. dipl. I. 14.
24) Beyer, Mittelrh. Urk. I. 477.
25) St. 3117.
26) Mon. Boica XXXVII. 37.
27) Gudenus, Cod. dipl. I. 119. Ueber diese Charta Adalbert I. siehe Wegele, Arnold von Selenhofen. Jena 1855. Anm. 6. Das Jahr der ersten Abfassung der Urkunde ist nicht überliefert, jedoch muss diese in die Jahre 1121 oder 1122 fallen, da der als Zeuge zugezogene Bischof Erlung von Würzburg im December 1122 gestorben ist.
28) Schannat, Trad. Fuld. 262.
29) Reg. Nr. 2.
30) Reg. Nr. 1.
31) Reg. Nr. 1.
32) Reg. Nr. 73. In der Urkunde heisst es ausdrücklich, das Kloster sei gegründet *ab illustri Gozwino comite ejusque filio Hermanno Palatino comite.*
33) Des löbl. Klosters Ebrach Privilegia (ohne Druckort und wahrscheinlich um 1700 erschienen) Nr. 1. Vergl. Haas, Gesch. des Slavenlandes I. 69.
34) Ueber den Eintritt Gozwins und seiner Gemahlin ins Kloster berichtet der Erzähler der Vita S. Hiltegundis (Oefele, l. c. II. 605) folgendes: Hic, in loco, qui Urach dicitur, monasticarum personarum facta est a comite Goswino institutio, qui construxit de praediis B. Hiltegundis et suis in loco supra memorato monasterium et ad hoc monasticarum per-

sonarum coadunavit collegium, ipse vero cum legitima sua Lutgarde seculo abdicarunt, et ad idem se transferentes monasterium, ille tamen inter fratres, haec autem singulari mansione cum quinque famulabus divinum flagitabat subsidium. Ussermann, Episc. Wirceb. 419 hält den Verfasser dieser Vita für einen Mönch des Klosters.

35) Reg. Nr. 3. 4.

36) Heinrich von Katzenellenbogen war 1102 gestorben (Wenck, a. O. I. 236). Nicht lange nachher vermählte sich seine Gattin Luitgard zum zweiten Male mit Gozwin. Somit dürfte die Geburt Hermanns etwa in die Jahre 1104—1108 fallen.

37) Reg. Nr. 5.
38) Reg. Nr. 5.
39) Reg. Nr. 16.
40) Giesebrecht IV. 188.
41) Reg. Nr. 15.

42) Münchzell, jetzt Münchszell, eine Einöde an der Hasslach bei Heilsbronn.

43) Kapsdorf, ein Weiler südlich von Bartelmesaurach, drei Stunden von Heilsbronn.

44) Köhlmünz, jetzt Kehlmünz, ein Weiler, in die Pfarrei Klein-Hasslach gehörig, fünfviertel Stunde von Heilsbronn.

45) Vergl. Spiess, Beweis etc. Acta Palat. VII. 395.
46) Reg. Nr. 6. 8. 9. 13. 20. 38.
47) Reg. Nr. 10. 11. 12.
48) Reg. Nr. 5.
49) Reg. Nr. 15.
50) Reg. Nr. 45.

51) Die Ruinen der Habesburg sind noch sichtbar. Sie liegen dreiviertel Stunde nw. von Meiningen, einviertel Stunde sw. von der Burg Landsberg in der Hassfurt, dem bewaldeten Nordrand des Plateaus vom Dreissigacker.

52) Gertrud war unzweifelhaft eine rechte Schwester der staufischen Brüder. Reg. Nr. 20. 38. Lange Zeit hat man geglaubt, dass sie eine Tochter des Markgrafen Konrad des Grossen von Meissen gewesen sei. Diese Meinung beruht auf einer Stelle des dem Chronicon Montis Sereni angehängten libellus de genealogia (MG. SS. XXIII. 229), wo es heisst: Conradus Misnensis et Orientalis marchio accepit uxorem Lucardem, filiam cujusdam nobilissimi de Suevia nomine Alberti, que peperit ei hos filios, Heinricum, qui in puericia obiit, Othonem Misnensem marchionem', Tidericum Orientalem marchionem, Dedouem comitem de Rochelitz, Heinricum comitem de Witin, Fridericum comitem de Brene. Filias quoque genuit sex, quarum tres Gerberstat monachas fecit, Odam et Bertam abbatissam Gerbestadensem, Agnetam Quidelingenburgensem abbatissam, quarta nupsit palatino Reni Gertrudis, que viro defuncto Christum heredem faciens,

ecclesiam in honore beati Theodori Bavenberg construxit ibique monialibus Deo famulantibus se socians, in sancta conversacione vitam finivit. Vergl. Opel, Das Chron. Montis Sereni. Halle 1859.

53) Reg. Nr. 72.
54) Reg. Nr. 74. Vergl. Beyer, Mittelrhein. Urk. II. 365: Predium, quod nobis dedit in pinguia Hermannus palatinus comes et uxor ejus Gertrudis.
55) Reg. Nr. 20.
56) Der erste Gemahl der Agnes, Herzog Friedrich I. von Schwaben, war 1105 gestorben.
57) Reg. Nr. 3.
58) Reg. Nr. 4. 5.
59) Vergl. Giesebrecht IV. 457.
60) Reg. Nr. 6.
61) Reg. Nr. 7.
62) Reg. Nr. 9.
63) Reg. Nr. 13. 14.
64) Wegeler, Das Kloster Laach. Bonn 1854. S. 4.
65) Adelheid war schon zweimal verheirathet gewesen, als sie die Ehe mit Pfalzgraf Heinrich II. einging, zuerst mit dem Grafen Adalbert von Ballenstedt, dann mit dem unmittelbaren Nachfolger Pfalzgraf Heinrich I., Hermann aus dem Hause Luxemburg. Siehe Wegeler, a. O. S. 4 ff.
66) Ueber Siegfrieds Tod und Gottfrieds Belehnung siehe Giesebrecht III. 843. 844. 1194.
67) Giesebrecht IV. 37. Anm. und 426.
68) Pfalzgraf Gottfried war am 6. Februar 1131 oder 1132 gestorben. Giesebrecht IV. 93. Anm. Stälin, Wirt. Gesch. II. 371. Vergl. ferner Giesebrecht IV. 438 und (den von diesem angeführten) Stein, Die Reichslande Rinek im Archiv des hist. Vereins für Unterfranken XX. 48 und XXII. 244.
69) Giesebrecht IV. 173.
70) Pfalzgraf Wilhelm stirbt am 13. Febr. 1140. Heinemann, Albrecht der Bär 136. 137.
71) Ueber die Ernennung des Babenbergers Heinrich zum Pfalzgrafen siehe Giesebrecht IV. 462.
72) Herzog Leopold starb am 18. October 1141. Das Herzogthum Baiern liess Konrad vor der Hand unbesetzt, die Mark Oesterreich übertrug er seinem jüngeren Bruder, dem Pfalzgrafen Heinrich. Dieser gab die rheinische Pfalzgrafschaft auf, und nun verlieh sie der König seinem Schwager, Hermann von Stahleck.
73) Vergl. Giesebrecht IV. 181. 182.
74) Reg. Nr. 16. Vergl. Giesebrecht IV. 195. 464.
75) Reg. Nr. 40.

76) Reg. Nr. 17. 18.
77) Ueber diese Burg Cochem siehe Leo, Die Territorien des deutschen Reiches im Mittelalter I. 880 ff.
78) Wahrscheinlich kam damals Cochem an die Rinecker, da wir später sehen werden, dass nach des alten Otto von Rineck Tode Ministerialen dieses Geschlechts die Burg besetzt hielten und König Konrad sie mit Gewalt nehmen musste.
79) Reg. Nr. 19. 21.
80) Reg. Nr. 22.
81) Reg. Nr. 23. 24. 25.
82) Reg. Nr. 25.
83) Giesebrecht IV. 467.
84) Reg. Nr. 26.
85) Reg. Nr. 27.
86) St. 3507—3513.
87) Giesebrecht IV. 216. Die Schenkungen Konrads für das Seelenheil seiner verstorbenen Gemahlin sind St. 3515—3519 verzeichnet.
88) Reg. Nr. 30.
89) Reg. Nr. 31.
90) Reg. Nr. 32. 33.
91) Giesebrecht IV. 257.
92) Reg. Nr. 34. 35. 36. 37. Zu Reg. Nr. 36 vergleiche Waitz, Verfassungsgeschichte VII. 175.
93) Ueber diesen Frankfurter Reichstag siehe Giesebrecht IV. 475.
94) Reg. Nr. 38.
95) Ueber Herzog Friedrichs letzte Lebenszeit und seinen Tod vergl. Giesebrecht IV. 474.
96) Reg. Nr. 39. Vergl. Giesebrecht IV. 301.
97) Reg. Nr. 39.
98) Reg. Nr. 41. 49.
99) Ueber die Streitigkeiten, welche sich nach dem Aussterben der Grafen von Treis um diese Burg erhoben, siehe Wegeler, Die Burg Rheineck, ihre Grafen und Burggrafen. Coblenz 1852. S. 9.
100) Dass Konrad seinen Schwager mit der Burg belehnt hat, ist wenigstens das Wahrscheinlichste. Wegeler, a. O. S. 10.
101) Den Streit Erzbischof Alberos mit Pfalzgraf Hermann um die Burg Treis behandelt ausführlich Prümers, Albero von Montreuil, Erzbischof von Trier. Göttingen 1874. S. 83. 84. Die Gesta Alberonis auctore Balderico, MG. SS. VIII. 255 ff. berichten: Eodem anno mense Septembrio cum palatinus Herimannus castrum Tris occupasset et edificiis firmasset, Otto comes de Reneca castrum predictum cum terra attinenti huic archiepiscopo et ecclesiae suae dedit, ut ipse illud recuperaret. Quapropter castrum predictum obsedit. Palatinus autem collectis omnibus viribus suis ad liberandum castrum venit. Auf S. 256 findet sich sodann

die Ansprache des Erzbischofs an seine Krieger, woselbst er unter andern sagt: Hec est crux, in qua Herimannus comes palatii mihi juravit fidelitatem, die illa, qua advocatum ecclesiae nostrae ipse constitui, die qua illas vires illamque potentiam ei contuli, per quam modo me infestat. Ferner heisst es: Ipse vero palatinus tenens manum super hanc sanctam imaginem juratus est michi in haec verba: Huoc Dominum, hunc pro nobis crucifixum, do vobis, domine archiepiscope, fideiussorem, ut juro vobis per ejus virtutem, quod nunquam aliquid contra vos faciam, et quod in omnibus vestris necessitatibus cunctis viribus meis omnique potentia mea vobis fideliter assistam. Sodann wird berichtet: Ipse vero archiepiscopus vexillum comiti Namurensi commisit, crucem autem propriis gestabat manibus. Haec cum ita se haberent, palatinusque per exploratores rescisset se non sufficere ad committendam pugnam contra acies ita animatas, misit legatos ad archiepiscopum et verba precantia mandat; et ut cito ad finem veniam, hoc impetravit, ut sui, qui erant in castro, illesi abirent, et de castro suo archiepiscopus suam expleret voluntatem.

102) Graf Welf war schon im Winter 1148 wieder in Deutschland. Giesebrecht IV. 328.

103) Reg. Nr. 42.

104) Dass die Rinecker mit Graf Welf in Verbindung standen und auch jetzt mit diesem alten Gegner Konrads gemeinschaftliche Sache gemacht haben, ist fast als gewiss zu betrachten. Vergl. Giesebrecht IV. 197 und über den Frankfurter Reichstag Giesebrecht IV. 329.

105) Ueber den Kampf des jüngeren Otto von Rineck mit Utrecht und Pfalzgraf Hermann berichten die Ann. Palid. MG. SS. XVI. 84 zum Jahr 1149: Otto junior de Rinegge pro controversia prefecture palacii ab Heremanno palatino de Stalegge per insidias comprehensus et arctissime custodie mancipatus, novissime strangulatus vita decessit. Hic dudum Utrensis ecclesiae comitiam usurpaverat renitente Hartberto episcopo, qui bello superatum juvenem tam diu in vinculis detinuit, donec Adelberto marchione soccro illius interveniente, absolvendus omnem satisfactionem exhibuit. In den Ann. S. Petri Erphesfurd. MG. SS. XVI. 20 wird Ottos Tod ebenfalls zum Jahr 1149 erwähnt.

Die Ann. Colon. Max. MG. SS. XVII. 763 erzählen zum Jahr 1148: Otto princeps ab Herimanno palatino captus et in castro ipsius quod Sconebrug (Schönburg) dicitur relegatus, ibidem iussu eius ut ferunt est strangulatus.

Endlich sei noch erwähnt, dass die Ann. Egmund. MG. SS. XVI. 456 den Streit Ottos mit Bischof Hartbert zum Jahr 1143 (?) melden. Sodann heisst es daselbst weiter: Sed paulo post a comite Hermanno de Staleke, quia vim illi et patriae ipsius intulit, comprehensus, incarceratus et indigna morte occisus est, vir nobilitatis et divitiarum gloria insignis, stature, faciei et totius corporis a planta pedis usque ad verticem venustate mirabilis, fortis viribus, belloque aptissimus et audaciae singularis.

106) Otto Fris. Gesta Frid. I. cap. 62. Daselbst heisst es: duas arces fortissimas, quarum altera super Mosellam Chohina, altera super Rheni litus posita Rinekka dicebatur, expugnavit, in Chohina praesidia ponens, alteram ignibus tradens. Rineck sollte jedoch nicht lange als Ruine die Ufer des Rheins zieren, indem es bald wieder aus den Trümmern sich erhob. Die Burg wurde später eine der wichtigsten Grenzfesten des Erzstiftes Köln. Ueber ihr weiteres Schicksal siehe Wegeler, Die Burg Rheineck, S. 11 ff.

107) Reg. Nr. 44. 45. 46.

108) Die Gesta Alberonis, MG. SS. VIII. 258. 259 berichten: corpus (archiepiscopi) Treveris allatum est cum magno comitatu. Palatinus enim comes Herimannus atque plerique barones inferioris regionis cum magno comitatu funus ipsius prosequuti sunt.

109) Reg. Nr. 48.

110) Friedrichs Aufenthalt in den einzelnen deutschen Territorien sehen wir aus den Urkunden bei Stumpf 3621—3644.

111) Reg. Nr. 50. 51.

112) Ueber den Würzburger Reichstag siehe Prutz, Friedrich I. I. 45.

113) Reg. Nr. 52. 53.

114) Reg. Nr. 54. 55. 56.

115) Reg. Nr. 57.

116) Ueber den Reichstag zu Goslar siehe Prutz, Friedrich I. I. 55.

117) Reg. Nr. 58.

118) Heinrichs Persönlichkeit schildert Wegele, Arnold von Selenhofen S. 3.

119) „Andere Anklagen, als Verschleuderung des Kirchengutes und höchstens auch des Verfalles der Zucht, sind gegen Erzbischof Heinrich nie erhoben worden." Wegele, a. O. S. 25. Anm. 8. Otto Frising. Gesta Frid. II. cap. 9 erzählt den Vorgang in folgender Weise: At rex in proximo pascha Babenberg coronam gestans, duos cardinales, videlicet Bernhardum presbyterum et Gregorium diaconum, ad depositionem quorundam episcoporum ab apostolica sede destinatos, secum habuit. Proximum dehinc pentecosten Wormatiae ferians, Heinricum Maguntinae sedis archiepiscopum, virum pro distractione ecclesiae suae frequenter correptum nec correctum, per eosdem cardinales deposuit, ac Arnaldum cancellarium suum per quorundam ex clero et populo, qui illuc venerant, electionem ei subrogavit.

120) Ueber Arnold von Selehofen siehe die schon mehrfach genannte Schrift von Wegele, ferner Baumbach, Arnold von Selehofen, Erzbischof von Mainz. Berlin 1872.

121) Ueber Arnolds energisches Vorgehen gegen die Vasallen der Mainzer Kirche siehe Wegele, a. O. S. 7 u. 8. Vergl. Prutz, Friedrich I. I. 86.

122) Die Namen der aufständischen Lehnsleute geben die Ann. S. Disib. MG. SS. XVII. 29.

123) Erst spätere Berichte (Joannis, Rerum Mog. Tom. II. 81 und Schannat, Hist. Worm. Episc. I. 355) melden, dass Pfalzgraf Hermann die Wormser Kirche belästigt und Erzbischof Arnold ihn deshalb gebannt habe. Die betreffende Stelle bei Schannat heisst: Posthaec Fridericus rex Italiam more majorum abiit, diadema imperiale de manu pontificis suscepturus, quo in itinere, dum eum una cum aliis multis, utriusque ordinis proceribus, comitatus fuisset Conradus noster, prout id testantur varia ejusdem diplomata, quibus tum Brixinae, tum Tridenti, tum demum Constantiae existens, inter caeteros subscripsit, magnum ex ejus absentia detrimentum sustinuit Wormatiensis ditio; quandoquidem Hermannus Palatinus nescio quo fatali res suas augendi, stabiliendique cupidine ductus, rapinis ac incendiis eam devastare non destitit, licet ex adverso in Conradi auxilium accurrens Archipraesul Moguntinus Arnoldus hostem utrique jam communem, etiam spirituali gladio perculisset.
Vergl. Baumbach, Arnold von Selehofen S. 39.

124) In dem Briefe an Wibald von Corvey (Jaffé, Bibl. I. Nr. 436) klagt Arnold: quod palatinus comes de Reno, teste Deo nullam in nos causam habens, contra fidem et sacramentum, quo nobis erat astrictus, ex insperato, ex improviso aecclesiae Maguntinae et nobis cum nonnullis iniquitatis suae complicibus violentiae manus injecit, castra nostra destruxit, homines nostros captivavit, curtes nostras non solum rapinis devastavit, verum etiam suae ditioni subjecit, sacra cimiteria et aecclesias spoliavit, ipsa altaria et venerabiles reliquias ornamentis suis denudavit, in monachorum irruens cenobia eorumque perfringens eraria, sacrilegam exercere rapinam non formidavit.

125) Ann. Colon. Max. MG. SS. XVII. 765: Imperator de Italia Galliam reversus perturbatores regni et pacis adeo edomuit, ut in brevi quies firmissima terrore sui adventus redderetur.

126) Ueber die Zusammenkunft in der Nähe von Regensburg siehe Prutz, Friedrich I. I. 88.

127) Die ersten Vorgänge nach Friedrichs Rückkehr aus Italien schildert Otto von Freising (Gesta Frid. II. cap. 27): Igitur consummato feliciter viae labore, princeps ad familiaria remeans domicilia, alloquitur in confinio Ratisponensium patruum suum Heinricum ducem, ut ei de transactione facienda cum altero Heinrico, qui iam, ut dictum est, ducatum Baioariae iudicio principum obtinuerat, persuaderet. Cui dum ille tunc non acquiesceret, iterum diem alium, quo eum super eodem negocio per internuntios conveniret, in Baioaria versus confinium Boemorum constituit.

Quo princeps veniens Labezlaum ducem Boemiae, Albertum marchionem Saxoniae, Herimannum palatinum comitem Rheni cum aliis viris magnis obvios habuit. Tantus enim eos qui remanserant ob ipsius gestorum magnificentiam invaserat metus, ut omnes ultro venirent, et quilibet familiaritatis eius gratiam obsequio contenderet invenire.

128) Otto Fris. Gesta Frid. II. cap. 28. Venerunt ad eam curiam Arnaldus Maguntinus archiepiscopus et praedictus Herimannus Rheni palatinus comes, uterque alter de altero querimoniam facientes. Denique manente in Italia principe, totum pene Transalpinum imperium seditionibus motum, ferro flamma publicisque congressionibus turbatum, absentiam sui sensit praesulis. Inter quos hi duo magnates, tanto ad nocendum efficaciores, quanto fortiores, totam pene Rheni provinciam et praecipue Maguntinae civitatis nobile territorium praeda caede et incendiis commacularant.

129) Reg. Nr. 60.
130) Reg. Nr. 61.
131) Die Vorgänge zu Worms schildert Otto von Freising (Gesta Frid. II. cap. 28) in folgender Weise: Ad hanc curiam Arnaldus Maguntinus archiepiscopus et Herimannus palatinus comes venientes, de hoc quod absente principe terram illam, ut supra dictum est, praeda et incendio perturbarant, in causam ponuntur, ambobusque cum complicibus suis reis inventis, alteri ob senii morumque gravitatem et pontificalis ordinis reverentiam parcitur, alter poena debita plectitur. Denique vetus consuetudo pro lege apud Francos et Suevos inolevit, ut si quis nobilis, ministerialis vel colonus coram suo judice pro huiusmodi excessibus reus inventus fuerit, antequam mortis sententia puniatur, ad confusionis suae ignominiam nobilis canem, ministerialis sellam, rusticus aratri rotam de comitatu in proximum comitatum gestare cogatur. Hunc morem imperator servans, palatinum istum comitem, magnum imperii principem, cum decem comitibus complicibus suis canes per Teutonicum miliare portare coegit.

132) Aus der Zeit Ottos I. finden wir ein Beispiel für die Anwendung der Strafe des Hundetragens bei der Bestrafung Herzog Eberhards. Widukind II. 6.

133) Die Ann. S. Disib. MG. SS. XVII. 29 erzählen: Rex nativitatem Domini Wormatiae celebravit, ubi Hermannus palatinus comes et Emicho comes de Lynengen et Godefridus de Spanheim et Henricus de Kazzenelenboge et Cuonradus comes de Kirberg, Henricus comes de Dissen et alii ex parte praedicti Herimanni canes portaverunt; et sic dominus Arnoldus episcopus ab excommunicatione eos absolvit. Die Parteigenossen des Erzbischofs lernen wir aus derselben Stelle der Ann. S. Disib. kennen: Ex parte vero episcopi canes portare quidam coeperunt Luodewicus comes de Lohim et Wilhelmus comes de Glizberg et alii, sed ob reverentiam archiepiscopi cessare ab imperatore iussi sunt. Der hier genannte Luodewicus comes de Lohim ist ohne Zweifel der Graf Ludwig von Looz (Los, Lon), welcher Vogt und Burggraf von Mainz war.

134) Reg. Nr. 65—68.

135) Ueber Hermanns letzte Lebenszeit und seinen Tod handelt ausführlich Busson, Conrad von Staufen, Pfalzgraf bei Rhein (Ann. des hist. Vereins für d. Niederrhein 19. Heft S. 25).

136) Dies geht unzweifelhaft aus Friedrichs Urk. für Bildhausen hervor (Reg. Nr. 70): Mirabilis siquidem dominus in eo (dem als verstorben erwähnten Hermann) mirabilia operatus est, cui et inspiravit unctione spiritus sui, ut et mundi gloriam et honorem palatii nostri aeternae retributionis obtentu desereret, seque et omnia sua Christo donare disponeret. Verum quia priusquam haec omnia ad certum finem perduceret, ex hac luce subtractus est etc. Vergl. auch Busson, a. O. S. 25 und 26.

137) Reg. Nr. 65. 66.
138) Reg. Nr. 63. 64.
139) Reg. Nr. 67.
140) Reg. Nr. 68.
141) Reg. Nr. 69.
142) In der Urk. Bischof Gebhards (Reg. Nr. 64) heisst es: Hermannus Palatinus Comes de Reno considerans, hujusmodi gloriam vanam esse et caducam et volens animam suam lucrifacere Deo, honori hujus mundi et divitiis pro eterna renunciavit beatitudine et omnia sua vendidit et in opus ecclesiarum et pauperum Christi distribuit etc.

143) Reg. Nr. 70. In dieser Urk. gelobt Friedrich dem Abte Adam von Ebrach, das neu gegründete Kloster Bildhausen zu schützen: Quapropter dilecte in Christo pater (Adam) postulationibus tuis clementer annuimus et venerabilem fratrem Henricum abbatem cum fratribus suis et abbatiam, quam fundasti in praedio nobilissimi principis nostri Hermanni Palatini Bilhildhusen, sub imperialis nostrae tuitionis defensionem suscipimus et praesentis scripti privilegio communimus. Et non solum pro petitionis tuae devotione, sed etiam pro affectione pii principis, quem pro fidelitate et probitate quam plurimum dileximus et rebus humanis excessisse fideliter et pio transitu certissime scimus.

144) Reg. Nr. 70. Bilhildhusen cum omnibus suis appendiciis, Holnstat, Ranfeltshusen, Lüdenhusen, Raperthusen, Loherith. In Wenghem dominicale et septem mansos Junckerhusen.

145) Hollstadt, am Einfluss der Milz in die Saale.
146) Reinfeldshof bei Strahlungen, ganz nahe bei Bildhausen.
147) Utenhausen, ein im dreissigjährigen Krieg zerstörtes Dorf bei Rappershausen.
148) Rappershausen, westl. von Römhild, hart an der bairischen Grenze.
149) Löhrieth, nw. von Bildhausen, nach Neustadt zu.
150) Wenkheim, östl. von Münnerstadt.
151) Junkershausen, nördl. von Wülfershausen.
152) Vergl. Rost, Gesch. der Abtei Bildhausen (im Archiv des hist. Vereins für Unterfranken, XI. Bd. 1. Heft), ferner Wigand, Gesch. der Abtei Ebrach. Landshut 1834. Ueber die späteren Schicksale der Abtei Bildhausen siehe Stumpf, Denkwürdigkeiten der teutschen, besonders fränk. Geschichte. 2. Heft S. 34 ff.

In der Urk. Bischof Heinrichs (Reg. Nr. 75) heisst es: Heinricus Dei gratia Wirzeburgensis ecclesiae episcopus omnibus christiane professionis hominibus prescriptis presentibus significamus, qualiter Hermannus comes palatinus de Rheno mundum et ejus ornatum contempnens et per actus ejus conditioni abrenuncians monasterium et collegium monachorum in loco, Bildehusen videlicet, fecit et illud de praediis suis ad honorem dei et beate genitricis sue Marie pro salute anime sue et parentum suorum magnifice dotavit. Quo facto ipsum monasterium cum suo collegio et territorio et cum omni jure fundi, jus temporale et spirituale in unum conferens, beato Kyliano et predecessori nostro beate memorie episcopo Gebehardo titulo donationis libere et sine omni contradictione contulit et contradidit etc.

153) Die Ueberführung der Leiche von Ebrach nach Bildhausen berichtet das Necrol. Bildhusanum (Ussermann, Episc. Wirzib. 351). Vergl. Busson, a. O. S. 25. Anm. 1. Hermanns Grabmal hatte die Inschrift: Iste palatinus Hermannus natu genuinus Bildhausen fundans Ebraco se monachum dans mortuus hic vectus jacet hic sub pulvere tectus. Rost, Bildhausen S. 4.

154) „Weder das Gründungsjahr, noch die Stifter des Klosters Wechterswinkel (nicht weit vom Einfluss des Elsbaches in die Streu) lassen sich urkundlich nachweisen. Mit Sicherheit dürfen wir annehmen, dass seine Gründung jener des Klosters Ebrach (1126—1134) unmittelbar gefolgt ist und dass hier wie dort Kaiser Konrad III. zu den Fundatoren gehört. Das Kloster war dem Bischof von Würzburg sine exemptione untergeben, von Ordenswegen gehörte es unter die Jurisdiction des Abtes zu Bildhausen." Himmelstein, Das Frauenkloster Wechterswinkel (im Archiv des hist. Vereins für Unterfranken, XV. Bd. 1. Heft. 115).

155) Die Gründung des Nonnenklosters zum h. Theodor erzählt ausführlich Ussermann, Episc. Bamb. 397. Vergl. Strauss, Das Bisthum Bamberg. Bamberg 1823. S. 12. Haas, Gesch. des Slavenlandes I. 86.

156) Ussermann, Episc. Bamb. Cod. prob. 121.

157) St. 4346. *dilectae consanguineae nostrae, Gertrudis quondam palatinae, precibus inclinati.*

158) Ussermann, Episc. Bamb. 404.

Regesten Hermanns.

(1128)	—	—	Gozwin, Graf von Höchstadt an der Aisch, und sein Sohn Hermann gründen das Benediktinerkloster Mönchaurach (an der Aurach). Oefele, Script. Rer. Boic. I. 628. Mit dieser Klostergründung ist die Sage von der h. Hiltegund verbunden. Suntheim, Monasteriologia Franconiae bei Oefele, l. c. II. 605. Spiess, „Beweis, dass Pfalzgraf Hermann bei Rhein ein geborner Graf von Höchstadt an der Aisch gewesen ist", in den Act. Pal. VII. 395. Das Gründungsjahr ist mit Sicherheit nicht festzustellen. 1128 wurde das Stift von B. Otto von Bamberg geweiht. Oefele, l. c. II. 605.	1
1128	—	Würzburg.	*(Gozwinus comes, Herimannus)* Zeugen B. Embrikos von Würzburg für das Kloster Oberzell. Ussermann, Episc. Wirceb. Cod. prob. 32.	2
1136 (August)		Würzburg.	*(Heremannus comes, Gozwinus)* Zeugen Lothar III. für das Collegiatstift Neumünster zu Würzburg. St. 3328.	3
1137	—	Würzburg.	*(Gozwinus, Hermannus)* Zeugen B. Embrikos von Würzburg bei der Schlichtung eines Streites zwischen einer gewissen Bertha und der Würzburger Kirche. Mon. Boica XXXVII. 46.	4
—	Mai 5.	Würzburg.	*(Hermannus de Hohestatt)* tritt die Vogtei über einige Höfe zu Alolvesheim (Alitzheim bei Gerolzhofen) an das Kloster Ebrach ab. Ussermann, Episc. Wirceb. Cod. prob. 119.	5
1138	(April)	Mainz.	*(Hermannus comes de Stalekke)* Zeuge Konrad III. für das Cistercienserkloster Waldsassen (südl. von Eger). St. 3377.	6
—	Aug. 13.	Nürnberg.	Zeuge Konrad III. für das Kloster zu Komburg (bei Schwäbisch-Hall) St. 3381.	7

(1137-1142)	—	Köln.	*(Herimannus comes de Stallecke)* Zeuge Erzb. Arnolds von Köln für die Siegburger Kirche zu Hirzenach (zwischen St. Goar und Boppard). Das Jahr der Urk. ist nicht genau bestimmbar. Beyer, Mittelrb. Urk. II. 27.	8
1140	(Mai)	(Frankfurt.)	*(Herimannus comes de Staleche et frater ejus Heinricus)* Zeugen Konrad III. für die Siegburger Probstei Hirzenach. St. 3414.	9
—	—	Würzburg.	Zeuge B. Embrikos in Betreff der Ministerialen eines gewissen Gerung, welche zugleich mit dessen Burg Wielandesheim (Willanzheim bei Iphofen) an die Würzburger Kirche gekommen sind. Mon. Boica XXXVII. 50.	10
—	—	Würzburg.	Zeuge B. Embrikos in Betreff der Leibeignen des Gerung. Mon. Boica XXXVII. 52.	11
—	—	Würzburg.	Zeuge B. Embrikos bei Festsetzung der Zehntrechte seiner Kirche. Mon. Boica XXXVII. 54.	12
			In diesen drei Urkunden B. Embrikos finden wir dieselben Zeugen. Hermann erscheint stets als *comes de Bilhildehusen*.	
1141	(Juni)	Würzburg.	*(Hermannus comes de Stalechur)* Zeuge Konrad III. für die Bürger von Asti. St. 3428.	13
1142	(April-Ende)	(Würzburg.)	Zeuge Konrad III. für das Collegiatstift Neumünster zu Würzburg. St. 3443.	14
—	—	—	Gütertausch zwischen „*Hermannus comes de Hohstet*" und B. Heinrich von Regensburg. Hermann erhielt Münchzell, Kapsdorf und Köhlmünz, alle drei in Mittelfranken gelegen. Später gehören sie dem Kloster Heilsbronn. Ussermann, Episc. Wirceb. 351.	15
—	—	Bamberg	B. Egilbert von Bamberg bestätigt dem Cistercienserkloster Langheim seine Besitzungen. In der Urk. heisst es, dass sein Vorfahr Otto unter anderen Klöstern auch Langheim bedacht habe, indem er diesem Orte zum Gebrauch der Brüder das Landgut bei Tribe (unweit Lichtenfels) gab, welches er vom Pfalzgrafen Hermann um 80 Mark loskaufte. Ussermann, Episc. Bamb. Cod. prob. 92.	16
1143	Aug. 1.	Cochem a.d.Mos.	Zeuge Konrad III. für das Kloster Springiersbach (südwestlich von Cochem). St. 3460.	17
—	(August)	—	Zeuge Konrad III. für das Domstift und SS. Afra und Ulrich zu Augsburg. St. 3461.	18

1143	—	Mainz.	Zeuge Erzb. Heinrichs von Mainz für das Collegiatstift St. Victor. Joannis, Rer. Mog. vol. II. 586.	19
(1143)	—	Hagenau	Friedrich, Herzog von Schwaben und Elsass, vergabt dem Kloster Odenheim (bei Bruchsal) alles, was er in Adelberg (im württemb. Jagstkreis) besitzt, als Ersatz für drei von seiner Schwester Gertrud, der Gemahlin des Pfalzgrafen Hermann von Stahleck, dahin gestiftete Hufen in Boppard. Hier erscheint Hermann als *comes de Stahelekke*. Wirtemb. Urk. III. 469.	20
1144	—	Mainz.	Zeuge Erzb. Heinrichs von Mainz für das Kloster Eberbach. Gudenus, Cod. dipl. Mog. I. 158.	21
—	Weihnachten	Magdeburg.	anwesend auf dem Reichstage zu Magdeburg. Ann. Magd. MG. SS. XVI. 187. Chron. Montis Sereni, MG. SS. XXIII. 146.	22
—	Dec. 29.	Magdeburg.	Zeuge Konrad III. für Merseburg. St. 3486.	23
—	Dec. 31.	Magdeburg.	Zeuge Konrad III. für Magdeburg. St. 3487.	24
1145	(Jan.)	Magdeburg.	Zeuge Konrad III. für den Domcanoniker Hartwig. St. 3489.	25
—	(April-Ende)	Speier.	Zeuge Konrad III. für das Kloster Arnstein (an der Lahn). St. 3490.	26
—	Dec. 30.	Aachen.	Zeuge Konrad III. für das Bisthum Cambrai. St. 3507.	27
1146	Jan. 1.	Aachen.	Zeuge Konrad III. für die Abtei Waussore (an der Maas). St. 3509.	28
—	(Jan. 3.)	Aachen.	Zeuge Konrad III. für das Kloster Crispin (bei Valenciennes). St. 3510.	29
—	(Mai 4.)	Fulda.	Zeuge Konrad III. für Hersfeld. St. 3515.	30
1147	Jan. 4.	Speier.	Zeuge Konrad III. bei Beilegung des Streites zwischen Erzb. Albero von Trier und dem Grafen Heinrich von Namur wegen der Vogtei über die Abtei St. Maximin bei Trier. St. 3525.	31
—	Jan. 30.	Fulda.	Zeuge Konrad III. für das Kloster Lorsch. St. 3529.	32
—	(Jan.)	(Fulda.)	Zeuge Konrad III. für das Kloster Gottesgnaden (bei Kalbe, nördlich von Bernburg). St. 3530.	33
—	März 15.	Frankfurt.	Zeuge Konrad III. für das Kloster Nienburg. St. 3539.	34
—	März 23.	Frankfurt.	Zeuge Konrad III. für die Einwohner von Triveglio Grasso (östl. von Mailand). St. 3540.	35

1147	(März)	Frankfurt.	Zeuge Konrad III. für die Abtei Corvei. Der König schenkte derselben *per manum Herimanni palatini comitis de Rheno, quem ad hoc rite peragendum assumpseramus advocatum* die in Verfall gerathenen Nonnenklöster zu Kemnade und Fischbeck. St. 3544.	36
—	(März)	(Frankfurt.)	*(Herm. p. c. de Rh. et frater suus Heinricus de Cacenelenboge)* Zeugen Konrad III. für das Erzstift Köln und die Abtei Springiersbach. St. 3545.	37
—	März 30.	Regensburg.	*(Herem. pal. comes de Stahelekke)* übernimmt auf die Bitte des von seinen Leuten schwer bedrängten Abtes Kraft von Lorch (im würtemb. Jagstkreis) und die Verwendung seiner Gemahlin Gertrud und ihres Bruders Friedrich, Herzogs von Schwaben, die Vogtei des Klosters. Mit dem Jahr 1138. Wirtemb. Urk. III. 466. Vgl. Giesebrecht IV. 464.	38
—	Sommer	—	nimmt am Kreuzzug gegen die Wenden theil. Ann. Magdeb. MG. SS. XVI. 188. Chron. Montis Sereni, MG. SS. XXIII. 147. Im September kehren die Fürsten vom Kriegszug gegen die Wenden zurück. Jaffé, Bibl. Rer. Germ. I. 129.	39
1148	—	—	*(In placito palatini comitis Herimanni presidente vice ejus comite Herimanno de Hardenberg)* bekundet Abt Lambert von Werden (an der Ruhr), dass er von Heinrich von Caster den Hof Angern vor dem Schöffengericht zu Kreuzberg gekauft habe. Lacomblet, Niederrh. Urk. I. 249.	40
1149	—	Mainz.	Zeuge Erzb. Heinrichs von Mainz für Hasungen und Fritzlar. Stumpf, Acta Mag. 45.	41
—	Aug. 21.	Frankfurt.	erhält den Auftrag, als vom König eingesetzter Vogt, die in Deutschland gelegenen Besitzungen des Klosters des h. Remigius in Reims gegen unrechtmässige Vögte zu schützen. St. 3565.	42
—	—	—	nimmt den jüngeren Otto von Rineck gefangen. Ann. Palid. MG. SS. XVI. 84. Ann. S. Petri Erphesfurd. MG. SS. XVI. 20.	43
1150	(Dec.)	Würzburg.	Zeuge in einem vor König Konrad III. abgeschlossenen Tauschvertrag zwischen Graf Poppo von Henneberg und B. Eberhard II. von Bamberg. St. 3577.	44
1151	April 8.	(Bamberg.)	*(Hermannus de Habesberch)* Zeuge für das Kloster Banz. Schultes, Direct. dipl. II. 87.	45

1151	(Sept.)	(Würzburg.)	Zeuge bei einem Tauschvertrag zwischen Abt Marquard von Fulda und Adam von Ebrach. St. 3589.	46
1152	Januar-Ende	Coblenz.	geleitet die Leiche des Erzb. Albero († 18. Jan.) von Coblenz nach Trier. Gesta Alberonis, MG. SS. VIII. 258. 259.	47
—	März 10.	Aachen.	Zeuge Friedrich I. für das St. Remigiuskloster zu Reims. St. 3617.	48
—	—	Mainz.	Zeuge Erzb. Heinrichs von Mainz für das Nonnenkloster Rupertsberg bei Bingen. Stumpf, Acta Mag. 52.	49
—	Oct. 20.	Würzburg.	Zeuge Friedrich I. für B. Günther von Speier. St. 3650.	50
—	October	Würzburg.	Zeuge Friedrich I. für den Grafen Wido von Blandrate. St. 3652.	51
—	Dec. 28.	Trier.	Zeuge Friedrich I. für die Abtei Gembloux. St. 3656.	52
—	Dec. 29.	Trier.	Zeuge Friedrich I. für Cambrai. St. 3657.	53
1153	Juni 11.	Worms.	Zeuge Friedrich I. für Cluny. St. 3671.	54
—	Juni 14.	Worms.	Zeuge Friedrich I. für den Domprobst Walter von Köln. St. 3673.	55
—	Juni	Worms.	Zeuge Friedrich I. für den Edlen Silvio de Clérieux (nordöstl. von Valence). St. 3676. Vgl. Stumpf, Reichskanzler III. 4. 481.	56
1154	Mai 3.	Worms.	Zeuge Friedrich I. für das Nonnenkloster zu Cassel. St. 3685.	57
1155	—	—	Fehde gegen den Erzb. Arnold von Mainz. Ann. S. Petri Erphesfurd. MG. SS. XVI. 21. Ann. S. Disib. MG. SS. XVII. 28. Wibaldi ep. Nr. 436 (Jaffé, Bibl. I.).	58
—	Oct. 15.	Regensburg.	anwesend auf dem Reichstage zu Regensburg. Otto Frising. Gesta Frid. II. cap. 28.	59
—	October-Ende	Würzburg.	wird von Friedrich I. beauftragt, alle diejenigen, welche Mainzölle bis jetzt erhoben haben, aufzufordern, ihre bezüglichen Rechtstitel aus kaiserlichen Privilegien auf nächsten Weihnachten nachzuweisen. Vgl. Reg. Nr. 71.	60
—	Dec. 18.	Trifels.	Zeuge Friedrich I. für das Kloster Hert (südl. von Germersheim). Die Zeugen dieser Urk. sind so zu ordnen: *Conradus (frater imperatoris, Hermannus) palatinus comes de Reno.* St. 3732.	61
—	Dec. 25.	Worms.	wird zur Strafe des Hundetragens verurtheilt. Otto	

1156	(Juni)	Würzburg.	Frising. Gesta Frid. II. cap. 28. Ann. S. Disib. MG. SS. XVII. 29.	62
			B. Gebhard von Würzburg bestätigt, dass Burggraf Gottfried zu Nürnberg die Pfarrei in Emskirchen an das Kloster Mönchaurach abgetreten habe, wofür dieses *(per manum advocati Heremanni palatini)* das Gut gab, welches es in Gerbodesdorf (jetzt Gerbersdorf bei Merkendorf, 4 St. von Heilsbronn) besass. Ussermann, Episc. Wirceb. Cod. prob. 39.	63
—	(Juni)	Würzburg.	B. Gebhard von Würzburg beurkundet, dass *Poppo de Irmoldeshusen* mit Pfalzgraf Hermann einen Vertrag geschlossen habe wegen Ankauf des Schlosses Habesberg um 400 Mark. Ussermann, Episc. Wirceb. Cod. prob. 40.	64
—	Juni 13.	Würzburg.	Zeuge Friedrich I. für Berchtesgaden. St. 3742.	65
—	Juni 17.	Würzburg.	Zeuge Friedrich I. für Bergamo. St. 3743.	66
—	Sept. 17.	Regensburg.	Zeuge Friedrich I. für Heinrich den Löwen. St. 3753.	67
—	Sept. 17.	Regensburg.	Zeuge Friedrich I. für das St. Johanneshospital zu Jerusalem. St. 3755.	68
—	Sept. 20.	—	stirbt. Der Todestag steht verzeichnet im Necrologium Metropol. Mogunt. bei Böhmer, Fontes III. 142. Das Todesjahr berichten ausdrücklich die Ann. Herbipolenses, MG. SS. XVI. 9. Ann. S. Disib. MG. SS. XVII. 29. Chronicon Montis Sereni ad 1156.	69
1157	(März)	Würzburg.	Friedrich I. bestätigt die Gründung des Klosters Bildhausen (bei Münnerstadt) durch den verstorbenen Pfalzgrafen Hermann und nimmt dessen Güter in Schutz. In der Urk. heisst es: *nobilissimus princeps noster Hermannus palatinus*. St. 3765.	70
—	April 6.	Worms.	Friedrich I. verbietet die Mainzölle von Bamberg bis Mainz, ausser an drei Zollstätten: Neustadt, Aschaffenburg, Frankfurt. In der Urk. heisst es: *palatino comite Hermanno de Rheno sententiam proferente*. Unter den Zeugen *Hermannus p. c. Rheni* (offenbar verschrieben statt Conradus). St. 3767. Vgl. Reg. Nr. 60.	71

1157	Juni 4.	Maulbronn.	Pfalzgraf Konrad bestätigt die von seinem Vorgänger (Hermann) geschehene Abtretung des Eilfinger Hofes an das Kloster Maulbronn. Wirtemb. Urk. II. 110.	72
1158	Jan. 28.	Nürnberg.	Friedrich I. nimmt das durch Graf Gozwin von Höchstadt und dessen Sohn Hermann gestiftete Kloster Mönchaurach in seinen Schutz. St. 3797.	73
—	Mai 22.	Mainz.	Erzb. Arnold von Mainz bestätigt dem Kloster Rupertsberg bei Bingen die durch Schenkungen und sonst erlangten Besitzungen. *Hermannus palatinus de Reno una cum uxore sua Gertrude* werden unter denen genannt, welche den Besitz des Klosters durch Schenkungen vermehrten. Stumpf, Acta Magunt. 68.	74
1161	—	Würzburg.	B. Heinrich von Würzburg bestätigt die Gründung des Klosters Bildhausen und dessen Unterordnung unter die Würzburger Kirche. Ussermann, Episc. Wirceb. Cod. prob. 45.	75